大学生のための
交渉術入門

Collaborative
Negotiation

野沢聡子
Nozawa Satoko

JN250908

慶應義塾大学出版会

はじめに

問題を解決する協調的交渉術

　あるクラスでは、学祭に店を出すかどうかで意見が割れています。一方、ある部活では、下級生の指導をめぐり、「指導担当者を決めるべき」と主張するキャプテンと「その場にいた人が指導すればいい」と考える部員が言い争っています。さらに、バイト先では「買った商品が違ったので、代わりの商品と差額代金を返却して欲しい」というお客さんの要求がアルバイトの店員を困らせています。

　このような問題は、あなたのまわりにもありませんか？

　そもそも世の中には、1人として同じ人間はいません。性別や年齢や経験も、趣味や嗜好も生活スタイルも違う人たちが同じ国、同じ地域、あるいは同じ屋根の下で一緒に生活しているのですから、日々、何か問題が起こってもなんら不思議ではないのです。大事なのは「それをどう扱うか」です。

　問題解決法として一番民主的で、広く一般におこなわれているのが、当事者同士で話し合って問題解決をする「交渉」（Negotiation）です。お小遣い交渉では親と、夏休みの旅行計画については友達と、業務の役割分担ではバイト先の店長となど、あなたはいつも誰かと交渉をしていませんか？　さて、あなたの交渉はうまくいっているでしょうか？　交渉の結果、「相手に押し切られて譲歩」、「最後は妥協」、「話し合いは平行線でケンカ別れ」となることもあるでしょう。

　考えてみれば日本では、あなただけでなく、まわりの大人たちも交渉の方法をきちんと学んでいないのです。そこで、この本では、大学生のみなさんが、大学生活を送るうえで役立つ、さらには、社会に出たときに役立つ問題解決法として、「協調的交渉」（Collaborative Negotiation）の基本的な考え方と実践法を紹介します。

　「協調的交渉」は、「双方の欲求を満たすことは精神的な健全さにつながる」という、1960年代に多民族・多文化社会アメリカで生まれた相互満足（Win/Win）の考えをベースにしています。双方がもっとも優先する「欲求（Needs）」を明らかにし、それらを満たす方策を当事者たち（あなたと相手）が一緒に考える。これが問題解決の鍵となるのです。

　お互いの「欲求」を満たすことはお互いの「個」を尊重することですが、日本人は、どちらかといえば、自分への配慮、つまり、自分の「個」を大事にすることがあまり得意ではなく、相手へ配慮はしても自己主張は控えめです。一方、アメリカ人は、自分という「個」への配慮が最優先事項なので、自己主張が強くなる傾向があります。

　「相手への配慮」と「自分への配慮」の中間に位置するのが「協調的交渉」の「協調」であると考えてください。「協調」とは、相手に合わせる「譲歩」や「妥協」ではないことをしっかりと頭に入れておいてください。

　みなさんのなかには、お互いを理解して歩みより、双方の最優先の「欲求」を満たす解決策を探して相互満足（Win/Win）という問題解決を導く「協調的交渉」を、無意識のうちにおこなってきた人もいるでしょう。そのような人はぜひ、「協調的交渉」の思考の流れを意識化させ、習慣化してください。そうすれば、さらに素晴らしい交渉力を身につけることができるでしょう。

本書の特徴と構成

　「協調的交渉」は、アメリカの教育現場で開発された問題解決のためのコミュニケーション・プログラムです。筆者は、このプログラムを1998年に日本に持ち帰り、さまざまな企業や大学で紹介してきました。その間、アメリカと日本では「文化」が違うため、たび重なるプログラムの改変を続けてきました。

　こうした積み重ねを経て作成した日本の大学の講座用の「協調的交渉」のテキストをベースに、本書は、一般読者の方にも読んでもらえるようにと、書き下ろしたものです。

　本書の構成は、大きく理論編と実践編の2部からなり、理論編の第1章では、「対立や衝突とは何か」、「対立はどうして起こるのか」など、みなさんの疑問を解明するために、おもにアメリカで発展した「対立・衝突」の理論を簡単に紹介し、次の第2章では、従来型問題解決法を振り返り、続く第3章で、「協調的交渉」の基本的な考え方を紹介しています。

　第4章と第5章の実践編では、「協調的交渉」を実際にどう進めればいいのか、その事前準備方法や実際の交渉の流れとコミュニケーションの関係など、「協調的交渉」のポイントを、みなさんと同じ日本の大学生たちが抱えるさまざまな問題を紹介しながら、具体的に説明しています。最後の第6章は、問題解決を難しくする「怒り」、権力などの「力（パワー）」、そして「文化」の違いなどの解説にあてました。

本書の目的

　本書は、読者のみなさんが「協調的交渉」の理論とスキル（技術）を学ぶことで、次のようなことができるようになればと思って、執筆したものです。

　・対立や衝突の対処法としての「競合的交渉」と「協調的交渉」

の違いが理解できる

・「言い分」と「欲求」の違いが理解できる

・問題が生じたら、その論点を分析して「協調的交渉」の事前準備計画を立てることができる

・交渉に不可欠なコミュニケーション力を向上させるさまざまなテクニックを使うことができる

・交渉に影響を及ぼす文化的要因について配慮できる

・相手とのコミュニケーション、相手との関係、そして交渉に影響を与えるさまざまな感情と、それによって引き起こされる行動やそのインパクトを理解できる

*

　社会のあらゆる分野での国際化、多様化が加速するこれからの時代、みなさんが社会人となって活躍する現場では問題解決が困難に思われる想定外の対立や衝突が増えているかもしれません。そうした対立や衝突の対処に不可欠なのは、既成のものにとらわれず、多様性を認め、それぞれの「個」を尊重し、主体的かつ相手とは「協調的」に問題解決に当たることができるあなたの柔軟な発想でしょう。

　「協調的交渉」の理論とスキル（技術）が、みなさんのさまざまな問題解決の現場で応用され、みなさんの将来の活躍に役に立つことを願っています。

目　次

コラム

理論編

──問題の本質を考える

　ここで扱う問題は、みなさん自身とみなさんのまわりの人々（家族、友達、隣人、バイト先の上司など）との間に起こるものに限っています。

　人は自分の心の中にもう１つ別の問題（＝葛藤、Intrapsychic conflict）を抱え込んでいることがあります。葛藤は最後の第６章で説明します。

　人間は集団生活を送る社会的な動物で、集団の内外でお互いに相互作用をおこなっています。しかし、わたしたちの相互作用はいつもうまくいくとは限りません。相互作用でそれぞれの考え、立場、価値観などの違いが明らかになると、双方の利害が衝突し、問題が起こるのです。

　しかも、相手との間に問題が起こったとき、その問題をどうとらえ、どう扱うかは、わたしたちが置かれている社会的環境での経験の違いで異なるそれぞれの物の見方や考え方次第ともいえます。ですから、あなたが重大問題と思ったことが相手には「どうでもいい」ということもあるのです。問題のとらえ方は国や地域だけでなく、人それぞれでも同じではないはずです。

　同質社会ともいわれる日本で暮らすわたしたち日本人には、「みんながそうだから」と「横並び」を好んだり、「臭いものには蓋」と問題の本質を深く追求せず、問題をあいまいなままにしてその場をしのぐことで問題解決としてしまう傾向が見られます。この傾向は現代の日本社会にもよく見られ、将来、次世代の人たちがさまざまな問題解決の先送りのツケを背負うことになりそうです。

　一方、「人種のるつぼ」ともいわれる多民族・多文化社会のアメリカで暮らす多くの人々には、問題をあいまいなままにすることを嫌う傾向が見られます。相手との対立や衝突が日常茶飯事で、相手との間になぜ問題が起こるのか、どう対処すべきかを日頃から考えざるを得ない人々は問題の本質を追求しようと、対立や衝突に関する研究を推し進め、その結果、あたらしい発想の問題解決法として「協調的交渉」（Collaborative Negotiation）がアメリカで開発されたのです。

問題はなぜ起こるのか

お互いに「相容れないこと」は、誰にでも、どこにでもあります。その結果、意見の不一致、対立、論争、争いなどがしばしば起こるのです。

1 人は相手となぜ問題を起こすのか

●オレンジをめぐる姉妹のケンカ

　上田さんの家では姉妹が1個のオレンジをめぐってお互いに譲らず、ケンカが始まりました。

　姉も妹も「このオレンジが欲しい！」と主張して譲らず、2人は争っています。この姉妹のケースは家庭内トラブルですが、あなた

姉「オレンジが欲しい」　　妹「オレンジが欲しい」

の学校やサークル、あるいは、バイト先やご近所などでも同じような
トラブルはありませんか?

　外に目を向ければ、領土問題や民族問題は国際社会でつねに大き
なトラブルとなっています。

　1個のオレンジをめぐって争う姉妹たちの家庭も、あなたの学校
やサークルやゼミ、そしてバイト先も、あなたの住む地域や国も、
また、将来あなたが働く職場も、なんらかの共通項のある人々の集
合体、つまり、「集団」です。「集団」とは、相互依存関係にある
人々が生活や活動をする場であり、「社会」でもあるのです。

　人間は生まれてから死ぬまで、大小さまざまな「集団」に属し、
お互いに助け合い、ときには競争し合っている一方で、あなたとあ
なたの家族がまったく同じ人間ではないように、「集団」のメンバ
ー一人ひとりには個性があり、それぞれ「違い」もあります。だか
ら、双方に相容れないことが起こるのです。

　相容れないことは個人と個人の間だけでなく、「集団」と「集団」
の間(企業間の市場争いなど)、国と国の間(領土問題や貿易摩擦な
ど)、そして「集団」内(派閥争いなど)や国内(宗教対立や民族紛争

など）にもよく起こり、さまざまな問題を引き起こしているのです。
いずれにしろ、双方間に相容れないことが生じるのは、当事者たち
になんらかの関係があるからです。

2 | 問題を引き起こす要因は何か

　たとえば、M子さんは彼氏と「猫が好き」、「猫が嫌い」で言い
争っているとします。表面的には2人の趣向が相容れないことに
よる争いですが、本当の原因は、M子さんが内心「彼と別れたい」
と思っていたことである、としたらどうでしょうか。そのことを
彼に直接言えずに、M子さんは「趣味が違う2人は合わない」と、
自分たちの別れ話を別のことに置き換えていたのです。

　このように、相手との関係についての見解の相違や期待感の「ズ
レ」があるとき、しばしば問題が起こります。その際には、M子
さんの例のように、肝心の問題（2人の別れ話）が潜在化し、ほか
のものに置き換えられて問題の本質がゆがめられてしまうことがよ
くあります。別れ話は相手になかなか言えないからです。

　ほかにも、価値観や信念の違いなども双方が相容れない原因とな
ります。価値観や信念の違いによる対立や衝突は、グローバル化や
情報化などで人々の交流がますます活発になるであろう将来、増え
ることはあっても、減ることはないでしょう。

　一方、貴重な天然資源（Natural resource）であるシェール・ガス、
レア・アースや石油などの利権をめぐる争いが国家間には起きてい
ます。ほかにも、「空間」、「お金」、「領土」、「水源」、「食糧」、「権
力」、「特権」、そして「人材」（Human resource）なども「分配が難
しい」資源で、それらを独占しようとする人々や「集団」が複数あ

れば、双方間には争いが起こるものです。

　よくあるような、女性1人と2人の男性たちの「三角関係」も、貴重な資源（1人の女性）が引き起こす争い、ということができるでしょう。

3　問題は避けるべきか

●葛藤は人を成長させる

　自分と友達との間に揉め事やトラブルが起こったとき、「2人の関係が壊れるのでは……」と思ってしまうことはありませんか。それは、あなたにとって一大事でしょう。一方、国家間の揉め事やトラブルが戦争を引き起こせば、多くの死傷者が出るだけでなく、村や町も破壊され、あとには瓦礫の山が残るだけです。ですから、問題が起こるということにマイナスのイメージを抱き、否定的な見方をする人が多いのです。

　たしかに、対立や衝突やトラブルがこれまで積み上げてきたものを破壊することもあるし、起こってしまった問題をほうっておくと、その問題がさらに大きくなる場合もあります。しかし、少し見方を変えれば、問題が起こったことで、あらたに前向きな展開が生み出されることもあるのです。

　たとえば、相手と問題を起こした場合、人は「なぜ、こんなことになったのだろうか」、「自分のどこがまずかったのだろうか」、「これからどうすれば、同じ過ちを繰り返さないだろうか」などと悩み、自省を始めます。

　問題が生じることで外からのなんらかの刺激（インパクト）を受けると、それまで自己中心的志向だった人が、他人を意識し悩み始

ドイチ博士の「コンフリクト」研究

　何かと何かが衝突し、対立して摩擦を起こしている状況や状態を、英語では "Conflict"（Con《共に》＋ flict《ぶつかり合う》）といいます。カタカナ表記では「コンフリクト」です。日本語では「対立・衝突」が近いかもしれません。

　「コンフリクト」はなぜ起こるのか、その要因は何か、などを扱う「コンフリクト」研究と、「コンフリクト」の問題解決法としての「交渉」研究は、1960年代以降、おもにアメリカ合衆国で発展しました。多民族・多文化社会アメリカでは「コンフリクト」が日常茶飯事だったという社会的背景もあったのです。

　今現在、効果的な問題解決法として「協調的交渉」を紹介している研究機関の1つがニューヨークのマンハッタン北にあるコロンビア大学教育学大学院のティーチャーズ・カレッジ（Teachers College）です。同大学院の組織心理学科にある「協力と紛争解決のための国際センター」（International Center for Cooperation and Conflict Resolution）が、社会心理学者のモートン・ドイチ博士（Dr. Morton Deutsch）により創設されたのは1986年のことでした。

　「『コンフリクト』理論の父」ともいわれるドイチ博士は1973年に出版した著書の中で、「『コンフリクト』は互いに相容れないことがあればいつでも起こるもの」（Deutsch 1973, p. 10）と述べています。

めることがあります。

　発達心理学では、「葛藤のプロセスで人は自省し、それは人の成長につながる」ことが指摘され、行動心理学においては、「なんらかの心理的な葛藤から好奇心が芽生え、わからないことを解明するために必要な情報を得ようとするなかで、人は今までの考えを改めることがある」ことが指摘されています。精神分析医フロイトも、心理面での成長には心の中の葛藤が不可欠であると述べています。

●対立・衝突は必ずしも悪ではない！

　問題が起こることにより何かが変わるのは「個人」ばかりでなく、「集団」も同じです。たとえば、東京都では築地市場の移転問題でさまざまな問題が発覚し、原因調査究明チームが設けられました。これを機に、既存のしきたりやシステムの見直し、職員の意識改革などが進めば、東京都という大きな組織全体の活性化が進むことが期待できそうです。同じように、あなたの所属するクラブやサークルでなんらかのトラブルや争い事が起きたとき、原因を究明し、同じことが繰り返されないように、あらたなルール作りを検討することもあるでしょう。

　問題が起こった場合のプラスの側面について、社会心理学者モートン・ドイチ博士は「対立・衝突（コンフリクト）は停滞をふせぎ、興味や関心を呼び起こす。対立や衝突により問題が顕在化し、解決に至る。対立や衝突は個人や社会の変革のルーツでもある」と述べています（Deutsch 1973）。

　対立や衝突がもたらすプラスの側面は以前から指摘されていたにもかかわらず、ドイチ博士以前には、それを示す実証的研究はほとんどありませんでした。それゆえ、それまでの問題解決は、経験則によるものがほとんどで、問題に対峙するというより、どちらかというと、「避ける」、「抑え込む」ことで対処されてきたのです。

　世の中には、変化や変革を嫌い、なんとかして問題の発生を抑え込み現状維持をしようとする人々もいます。異質なものの存在は「集団」内にトラブルを引き起こすので、それを排除しようとする人々の取る1つの手段が「いじめ」です。そこにあるのは、対立・衝突に対する否定的な見方です。このような見方があるかぎり、「いじめ」がわたしたちの社会からなくなることはないでしょう。

　対立や衝突がまったくない「無風状態」が「平和で安泰だ」と思う人がいるかもしれません。しかしながら、外からの刺激がまったくない状態が続けば、人も、「集団」である組織やグループも、わたしたちの社会や国も、活性化することはありません。次第に慢心や停滞、そして腐敗がはびこることになるでしょう。

　激しく岩にぶつかって流れる急流の水は飲めても、淀んだ沼の水を飲む気にはならないでしょう。

　対立や衝突そのものは、よくも悪くもないのです。大事なことは、どうやってそれを取り除くか、防ぐかではなく、それを「どう扱うか」なのです。あなたが当事者になったときには、それを適切に取り扱ってほしい。それがこの本のテーマです。

4　問題が起こらないこともある

　対立や衝突が発生したときの客観的状況（社会的要因）、そして、当事者たちがその状況をどう認識するか（心理的要因）によっても、対立や衝突の様相は変わるはずです。しかも、人は客観的状況を見誤り、判断を間違えることもあり、それによって問題が起こったり、起こらなかったりすることもあるでしょう。

　また、問題があるのに、それが抑え込まれたり、置き換えられたり、すり替えられたりして本人が気づいていないか、あるいは、自分の意識の中にまだ形となっていないため、それを問題とは気づかない場合もあるでしょう。たとえば、次のような場合です。

　もし「男性のほうが女性より優秀である」と信じて疑ったことがないＫ子さんが、入社早々、「君は女性なのだから、当分の間、お茶くみをして欲しい」と上司に言われても、そのことで彼女が上司に抗議をすることはないかもしれません。反対に、男女平等や女性

の権利などが大きな関心事であるＳ子さんが同じ場面にいたら、Ｓ子さんは上司のこの一言を絶対許さないかもしれません。

　相手との関係が、良好だろうと険悪だろうと、どちらの状況でも、当事者の受け止め方次第で、対立や衝突は起こるときは起こるし、起こらないときは起こらないものです。

　たとえば、新人の指導をめぐって、アルバイト先の仲間同士が「優しく教えないと、すぐ辞めてしまう」と「厳しくしないと、アルバイトは仕事であり、遊びではないことがわからない」で意見が対立しているという場合を考えてみましょう。

　「この新人を早く一人前にしたい」とそれぞれが考えているのであれば、双方には共通ゴールがあるといえます。共通ゴールがあるにもかかわらず、新人への接し方でたまたま意見が食い違ったことで、日頃から仲の良い仲間が争っているのです。

　自分の意見をそれぞれ主張したので彼らは衝突したのです。双方の考えに食い違いがあっても、それぞれの考えが情報公開されなければ、問題は起こらないでしょう。また、情報公開されたとしても、「相手もこちらの考えを認めるべきだ」と一方、あるいは双方が思わなければ、双方間に争いは生じないかもしれません。

　たとえば、「そんなことはアルバイトの自分にはどうでもいいこと。やりたきゃ、勝手にやればいいさ」と一方が考えていたらどうでしょう。新人の扱いをめぐって、双方間の意見が激しく対立することはなかったかもしれません。

　当事者たちの置かれた客観的な状況がよくても、友好的な雰囲気であっても、人間の心持ち次第で対立や衝突は起こるし、また、当事者たちが何に価値を置いているか、その際、どういう信念に基づき、どう事態を理解しているのかによっても、対立や衝突が起こることもあるし、起こらないこともあるのです。しかも、わたしたちの価値観や信念は絶対不変というものでもないのです。

　ですから、「相手との対立・衝突の発生も終焉も客観的状況だけでは決められない。望ましい客観的状況下でさえ、心理的要因は対立や衝突を破壊的なものにする原因になりうる」とドイチ博士は言っているのです。

コラム

「欲求」の話

　「お腹がすいた」、「恋人が欲しい」、「よい会社に就職したい」、など、人はさまざまな物理的、心理的欲求の実現を追い求めながら日々暮らしています。人間なら誰にでもあるこうした基本的欲求によって人は動機づけられていることを明らかにし、それらを5段階に分けて理論化したのがアメリカの心理学者アブラハム・マズローです（ゴーブル 1972）。

　すなわち、①生存のために水、食糧、睡眠などを求めようとする「生理的欲求」、②雨露をしのぎ、危険から身を守りたいとする「安全と安定確保の欲求」、③1人は寂しい、誰かと一緒にいたいと、集団（家庭、学校、サークル、会社など）に属そうとする「愛・所属欲求」、④所属集団の仲間から認められたい、他者からの承認と自尊心という「承認欲求」、⑤自分の能力を引き出し、自分がなれるものになりたいという「自己実現の欲求」をまるで階段を上るがごとく、わたしたちは次々に追い求め続けているのです。

　これら基本的欲求を満たすことで人はさまざまな問題解決を目指そうとするわけですが、この地球上には「生理的欲求」や「安全確保の欲求」などの基本的欲求が脅かされ、それらを満たそうにも満たせない人々が今も大勢います。

　「基本的欲求を満足させている人々はより健康で、幸福であり、また有能であるが、一方、欲求が満足されていない人々は、次第に精神病理的な兆候を示すようになる」（「マズローの心理学」、2000）とマズローが指摘していることと、今、世界で起こっているさまざまな問題は無関係でないのでしょう。

コラム

「ハーバード流」と「コロンビア流」

相互満足（Win/Win）となる問題解決法は、1970年中頃以降、ハーバード大学法律大学院の教授で弁護士のロジャー・フィシャーが率いる同大学交渉学研究所と、ドイチ博士が開設したコロンビア大学教育学大学院の「協力と紛争解決のための国際センター」というアメリカ東部の2つの大学の研究機関で、ほぼ同じ時期に開発されました。

両大学のプログラムは、①人と問題を切り離す（問題の本質と個人的つながりを分離する）、②立場でなく利害（コロンビア流では潜在的欲求）に焦点を合わせる、③複数の選択肢を用意する、④相互理解をする、などの共通点もありますが、ハーバード大学のプログラムは法律大学院の管轄下にあるのに対し、コロンビア大学のプログラムは教育学大学院（組織心理学科）の管轄下にあることから、それぞれの問題解決までのアプローチにはいくつかの違いが見られます。

「原則立脚型交渉術」とも呼ばれるハーバード流は、「客観的基準」（先例、市場価格、専門家の意見、慣習、法律など）、つまり、公正な基準は交渉での問題解決に有効であり、それらを用いて裁判官のように問題に対処すべきであるとします。交渉の「戦術」に重点を置いているハーバード流は、国際問題やビジネスでの取引には有効と思われます。

一方、コロンビア流では、当事者である「交渉者の心理」を重視します。そのため、家庭や近所のトラブル、いじめ、パワハラなど、人々の身近な問題の解決に有効かもしれません。「気づき型」ともいえるコロンビア流では、お互いの「言い分」の主張の背後にある「世界観」や「欲求」を見極めることを重視し、人間の本質に迫っていきます。

第2章

従来型問題解決法を考える

昔から、人は自分のまわりにいる人々とトラブルや問題を起こしては、その対処に明け暮れてきたのかもしれません。従来型と考えられる問題解決法は、「武力行使」、「先送り（回避）」、「話し合い（交渉）」、「第三者の介在」の４つです。

1 ４つの問題解決法

　アダムとイブの頃から、わたしたち人間はまわりにいる人々とトラブルや問題を起こしては、その対処に明け暮れてきたのかもしれません。過去に人々がおこなってきた問題解決法は、「武力行使」、「先送り（回避）」、「話し合い（交渉）」、「第三者の介在」の４つです。

（1）武力行使

　問題解決のために、当事者の一方または双方が武力で目的達成を目指すのが「闘争」、さらに大規模に組織化されたものが「戦争」です。

　下の図を見てもわかるとおり、武力行使では相手を攻撃することが目的となり、双方間の問題は未解決のまま終わることが多くなります。この解決法が問題なのは、相手をやっつけることにすべての精力が注がれる結果、当事者のどちらか、場合によっては双方ともに、肉体的にも精神的にも傷つくことが多いという点です。恫喝や脅しなどの「言葉の暴力」も武力行使と同じです。

図 2-1　武力行使による解決法

（2）先送り（回避）

　相手との間に問題が生じることを恐れる、あるいは、「自分の手に負えない」というような理由で当事者たちが問題に対峙することを避けているのが図 2-2 です。このように、問題を見て見ぬふりをすれば、双方間の問題は未解決のままそこに残されてしまいます。あとで解決しようと思ったときには、銀行の不良債権問題のように、

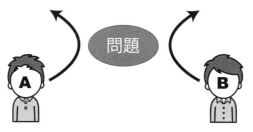

図 2-2　先送りによる解決法

手をつけられないほど問題が大きくなっていることがあります。

（3）話し合い（交渉）

　問題の決着をつけるために当事者同士（A と B）で話し合い、最終的な決断を 2 人で下すまでの話し合いの全プロセスが「交渉」です。

　国際舞台では外交官たちが、家では親子が、職場では上司と部下が、そして学校のサークルではあなたと友人がおこなっている「もっとも一般的な問題解決法」が交渉です。

　多くの場合、人々は相手と話し合いができると考えて交渉を始めます。しかしながら、交渉での双方の話し合いは行き詰まり、最後は「力での決着しかない」と、ケンカや戦争になることが多いようです。

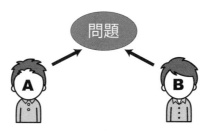

図 2-3　話し合いによる解決法

　なぜ、その交渉はうまくいかなかったのでしょうか。それは、交渉のやり方そのものに問題があったからです。

　あとで詳しく説明しますが、交渉には「競合的」な戦略（やり方）による「競合的交渉」と「協調的」な戦略（やり方）による「協調的交渉」があります。失敗することが多いのは「競合的交渉」です。

（4）第三者の介在

　相手が交渉の席につかない、あるいは、席についても一方が冷静さを欠き、話し合いにならないような場合には「中立的な第三者」に解決を委ねることがあります。その方法は以下の３つです。

①訴訟
　問題解決が裁判所に持ち込まれるのが「訴訟」です。

　下の図のＡとＢが問題を抱えた当事者たちです。なんらかの理由で問題解決ができない当事者たちに代わり、それぞれの弁護士（ＣとD）が裁判官（Ｅ）の前で陳述し、最終判断を裁判官が下すのが訴訟です。

図 2-4　訴訟による解決法

　最近は和解になるケースも増えていますが、原則は法律に則って「白黒」、「善悪」の決着をつけるのが訴訟です。しかしながら、過失を償う裁判による判決は当事者たちの関係悪化を招きやすく、しかも、裁判にはお金や時間もかかります。そこで、裁判に代わるものとして最近注目されているのが「仲裁」や「調停」です。これらをADR（Alternative Dispute Resolution）、日本語では「裁判外紛争解決手段」といいます。

②仲裁

　中立的な立場の第三者が問題を起こしている当事者双方から事情を聴き、最終決断を下すのが「仲裁」です。

　下の図のように、当事者たち（AとB）の話をよく聴いたうえで最終判断をするのは仲裁者（C）です。仲裁者が下した判断は法的拘束力を持つ場合があります。

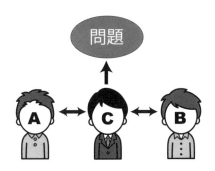

図2-5　仲裁による解決法

③調停

　当事者間で問題解決が困難な場合に、中立的な立場の第三者を交えて問題解決を目指すのは仲裁と同じです。違うのは、第三者である調停人（C）は当事者双方（AとB）の話し合いの進行役にとど

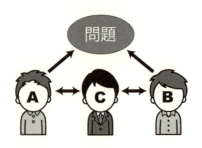

図 2-6　調停による解決法

まり、「調停」で最終決断を下すのは当事者たちです。

　アメリカでは調停が盛んです。アメリカの調停では、調停人を決めるのも、調停の場所を決めるのも当事者たちで、トレーニングを受けた調停人による調停は、今現在、全米各地で盛んにおこなわれています。

　第三者に問題解決を委ねてしまうという点では、仲裁や調停は消極的な問題解決法かもしれませんが、当事者間での解決が見込めない場合に限って、第三者を介在させることが有効な手段となるはずです。

　ここまで見てきた「武力行使」、「先送り（回避）」、「話し合い（交渉）」、そして「第三者の介在」のなかで、当事者たちが問題解決までの全プロセスに直接関わることができ、しかも、その結果にも「自ら責任を取れる」という意味で「民主的な問題解決法」といわれるのが「交渉」です。

　「武力行使」、「先送り（回避）」、「第三者の介在」のいずれも、問題解決までのプロセスに当事者たちが積極的に関わることはありません。

2 ｜ 問題解決で考える自分と相手のこと

● 2つの視点をとらえよう

　問題解決をするとき、あなたはどんなことを考えていますか。それは「自分のこと」、そして「相手のこと」ではありませんか。

　自分のことを「どうする」、そして相手のことを「どうする」——人々が問題解決で考えるこの2つの視点を2次元の図で検証できる画期的なツール（"Thomas-Kilman Conflict Mode Instrument" 1974）を2人のアメリカ人経営学者が開発しました。

　下の図を見てみましょう。縦軸は「自分への配慮」の度合いを0

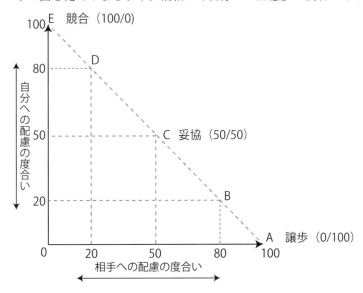

図 2-7　自分と相手への配慮の度合いと行動パターン（1）

出所：R. Kilmann and K. Thomas "Thomas-Kilman Conflict Mode Instrument," *Developing a forced-choice measure of conflict handling behavior*, 1977 を筆者が一部改変。

から100で示し、上に行くほど自分への配慮が増えます。一方、横軸は「相手への配慮」の度合いを0から100で示し、右に行くほど相手への配慮が増えます。

●上田家の姉妹の争いを振り返る

第1章で紹介した上田家の姉妹にふたたび登場してもらい、図2-7を見ながら、「自分への配慮」と「相手への配慮」という視点から、彼女たちの問題解決について少し考えてみましょう。

◆「競合」──自分のことだけ考えた姉

あの日、上田家にはオレンジが1個しかなかったことが、姉妹の争いのそもそもの発端でした。1個しかないオレンジを「丸ごと（100％）手に入れたい」と考えた姉が力任せにオレンジを奪い取るという強引な手段に出れば、妹も同じことをしようとするでしょう。そして、1個のオレンジの奪い合いが始まります。

このように、お互いが自分のゴール達成だけを追求するのが「競

図2-8 「競合」によってオレンジを丸ごと（100％）手に入れた姉と、「譲歩」させられた妹

合」という戦略（やり方）です。必要となれば形式などにとらわれずに、あらゆる手段を使って、自分の目的達成を目指すのが「競合」です。武力行使は典型的な「競合的」戦略です。

　図 2-7 の縦軸の先端の E 点は自分への配慮が 100％で相手への配慮は 0 ですから、オレンジを丸ごと手に入れた姉の「競合的」な問題解決を示しています。対角線上の D 点は、自分への配慮が 80％で相手への配慮は 20％です。D 点には相手への配慮も多少見られますが、相手より自分への配慮のほうが大きいので、「競合的」な問題解決となります。

◆「譲歩」──姉に 100％の譲歩をさせられた妹

　姉が力ずくでオレンジを丸ごと奪えば、妹は何も手に入れられません。そんな妹の状態が図 2-7 の横軸の先端の A 点（0/100）です。妹は姉に 100％の「譲歩」をさせられたのです。

　一般に、譲歩は自分が譲り、相手を勝たせる結果となります。

　人には誰でも、大事にしたいと思う自分の「欲求」や感情があります。にもかかわらず、それらを無理に抑え込んで譲歩し、我慢をし続ければ、人は自尊心の低下から無気力になったり、深刻なケースでは、些細なことに過剰反応をしてしまう心身症に陥ることすらあります。

　しかも、あなたの満たされなかった「欲求」や抑圧された感情は相手への不満や怒りへと変わりやすく、ある日、突然、鬱積した不満や怒りが爆発することもあります。

◆「妥協」──妥協する姉妹

　「お姉ちゃんがオレンジを取っちゃった！」と大声で泣き出した妹。その声を聞きつけて飛んできたお母さん。「家にオレンジは 1 つしかないのだから、半分ずつにしましょう」。お母さんは「一番

図 2-9　妥協

平等な方法は折半しかない」と考え、オレンジを半分に切って姉妹
それぞれに分け与えました。

　しかしながら、折半では半分の満足（50%）しか得られず、オレ
ンジを丸ごと欲しかった2人には必ずしも満足のいく結果ではない
はずです。なぜなら、それは図2-7の直角二等辺三角形の対角線上
の真ん中にあるC点、つまり、それぞれが50%と50%になる「妥
協」だからです。

　「妥協」とは、中間点で折り合いをつけるための「中途半端な決
着」方法です。折半は一番フェアで平等のようですが、それぞれの
「欲求」を半分満たすだけで終わっているので、真の問題解決とは
いえません。それでも、折半をして譲り合うことで双方の絆や一体
感が強まり、1人で独占する満足感よりさらに大きな別の満足が得
られると判断したときに、人はよく妥協をするものです。

　ただ、あなたが「半分の満足」に終わる妥協をし続ければ、満た
されない「欲求」がたまるだけで、精神的にも不健全な状態に陥り
やすくなるのは譲歩と同じです。また、妥協ばかりする人は指導力
がないと見なされることもあります。

◆「先送り（回避）」──何も手に入れられない姉妹

「このオレンジのせいで2人はケンカするので、しばらくこれはお預けです」とお母さんが姉妹からオレンジを取り上げてしまったとします。

その場合、姉妹はどちらも「自分への配慮」を満たすことがまったくできず（0）、2人は問題の解決ができなかったことになります。これが問題解決の「先送り（回避）」です。図2-7では、縦軸と横軸の交わった接点（0）が「先送り（回避）」となります。

図 2-10　先送り

3 ｜ 目指すゴールは1つなのか

図2-7の大きな直角二等辺三角形の対角線上のB、C、D点から縦軸と横軸にそれぞれ平行に2本の線を下ろせば、長方形や正方形が3つできます。B、C、D、いずれかの1点を頂点とする長方形や正方形の縦横2辺の和は100です。これは一体何を意味しているのでしょうか。

　それは、「1つのもの」(100%) を「どう分けようか」と「分配」により問題の解決を考えていることを意味しています。

　上田家の場合も、姉妹の求めているものが「同じ1つのもの (オレンジ)」であったため、双方とも「できるだけ自分の取り分を大きくできないか」と考えていたのです。

　このような状況において、「取るか取られるかの勝負だ」と「競合」という手段に出るか、「ここは相手に譲ろう」と「譲歩」するか、「折半で我慢するしかない」と「妥協」するか、あるいは、「争い事は嫌だから」と問題解決を「先送り (回避)」する。これが従来の問題解決法なのです。

　これまで、あなたもこれら4つの解決法のいずれかで問題の解決をしていなかったでしょうか。しかし、よく考えてみてください。あなたと相手は、本当に「同じもの」を求めているのでしょうか。

　先にも述べたように、人はそれぞれで異なり、1人として同じではないのです。であれば、それぞれが求めているものが「同じでない」かもしれません。もしお互いに求めているものが違っていれば、双方が争う必要もないでしょう。「双方の求めているものは同じなのか」と考える発想の転換は、これからの問題解決にとって重要な鍵となるはずです。

コラム

「欲求」から見た日米の子育て事情

　子育て中のアメリカのパパ・ママは離乳食が始まった赤ちゃんに、「あなたは何が食べたい？　シリアル、それともオートミルかパンにする？」というような質問をします。

　赤ちゃんが「パン」と答えると（あるいは、指さすと）、次に「パンはトーストにする、しない？　それともロールパン？」「トーストなら、ママレードを塗る？　それともピーナツバター？　どっちにする？」「飲み物は？　ミルク、それともアップルジュース？　水がいい？」と、とくにテーブルの上に豪華なものが並んでいなくても、パパ・ママは質問をし続けるので、赤ちゃんは毎回「自分は何が食べたいのか？」を考えて、選択をしなければなりません。

　このようにして、早い時期から、アメリカの多くの家庭では子供に「自分は何が欲しいのか」を考える癖をつけているのです。自分の「欲求」を知ることは、将来、自分の子供が多民族・多文化世界を生き抜く力になると、アメリカ人は信じているからでしょう。

　一方、日本では、「さあ、お口をアーンして」と言われ、赤ちゃんは口を開けるだけ。「美味しかったでしょう。はい、次はこれ。また、お口をアーンして」と、パパやママが用意した離乳食は次々に赤ちゃんの口に運び込まれます。赤ちゃん自身が何を食べたいかを考えさせようという発想は日本の優しいパパ・ママにはあまりないようです。

　未来を生きる日本の子供たちに、これから子育てをする人たちは、早くから自分の「欲求は何だろう？」と考える癖をつけてあげてみてはいかがでしょうか。

第3章

交渉による問題解決法を考える

自分と相手と利害や考えがまったく同じならば、交渉
をする必要はありません。相違点があると思うから、
あなたは誰かと交渉をするのです。

ここからは、本来双方の合意を導くはずの交渉がうま
くいかない例を見ながら、「交渉」について考えてい
きましょう。

「問題の解決をどのようにしていますか」という質問
をすると、多くの人が「交渉をしています」と答えます。
「では、その交渉の結果はどうなりましたか」と引き
続き質問をすると、「相手に説得され、妥協してしま
いました」、「譲歩して、自分が我慢しました」、「話し
合いが平行線で行き詰まりました」、「結論が出ず、解
決は先送りになりました」などの答えが返ってきます。
このような結末になるのは、多くの場合、「競合的交渉」
に陥っているからです。

1 「競合的交渉」とはどういう交渉か

●ゴールについての誤解

　お互いに「自己利益というゴールを目指して競争し合う」のが「競合的交渉」です。双方が「利害は対立している」と考えれば、交渉は「勝者」と「敗者」を決める場となり、相手は「競争相手」となります。どこで手を打つかでの駆け引きで、「自己利益」というゴールを目指して競争し合うのは、交渉者たちが 1 つのものを奪い合おうとしている状況であり、双方が「目指すゴールは同じ」と思っているからです。

　「競合的交渉」を図で示すと、下のようなイメージとなります。

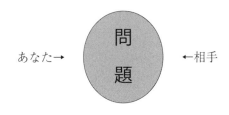

図 3-1　競合的交渉

　あなたと相手は問題をそれぞれ反対方向から見ているので、議論はかみ合わず、問題が真ん中に立ちはだかり、相手の様子もよく見えません。このような場合、目の前の競争相手をどのように打ち負かして自分の利益を最大にするかに交渉者たちの主眼が置かれるため、恫喝や脅しなどの「言葉の暴力」もよく使われます。

　また、なんとしても自分が勝つために、交渉者たちは自分の持つ「力」の「差」を誇示して、自分の目的を達成しようとすることがあります。自分の地位やお金などをちらつかせて立場を優位にして

から自分の主張を相手に受け入れさせるのは、「競合的交渉」をする人たちの常套手段です。

●信頼関係がなければ双方が傷つく

　自分の目的達成だけを目指す交渉者たちは相手の「言い分」には耳を傾けず、ひたすら自己主張を続け、双方の共通点も見ない、あるいは、見えても無視してしまうものです。

　相手の考えや情報を受けつけない狭量さは、相手に対する無関心や否定となりやすく、逆に、双方の相違点にばかりに注意が向けられるため、情報交換は進まず、お互いの信頼関係も生まれません。

　情報不足になれば、まるで暗闇の中にいるように相手がよく見えず、不安や不信感ばかりつのります。よくわからないものに対して人は否定的な見方をしがちなので、目の前の交渉相手は「敵かもしれない」という思い込みが強まり、相手への警戒心から、相手が攻撃をしてくる前に先制攻撃を仕掛けることもあります。その結果、攻撃と反撃の繰り返しとなれば、最後は、一方の不満足、あるいは、双方ともに痛手を被るという結果を招きやすいものです。

　たとえば、アパートの家主から家賃の値上げを突然に告げられたら、借り手のあなたはとても承諾できず、ほかの物件を見つけて、引っ越しを考え始めるかもしれません。空室になれば、家主はあらたな借り手を探さなければなりません。家賃を月々キチンと払い、しかも、部屋をきれいに使ってくれる借り手を探すのは容易ではなく、何カ月も借り手が見つからない場合は、家主は収入減で大きな痛手を被ることになるでしょう。

●競合的交渉にはリスクが伴う

　「競合的」な戦略（やり方）は高いリスクを伴うものです。しかしながら、「競合」は「絶対にダメ」というわけではありません。

　旅行先の店先で素敵な骨董品を見つけたときのことを想像してみましょう。あなたは、店主の言い値では買わず、二度と会わない相手との信頼関係は「多少壊れてもいい」と、強気の値引き交渉をするかもしれません。

　「どうしても譲れない」ことがはっきりしていれば、相手との交渉を「一時的な取引」と割り切って、自分の優先順位を決めたうえで、「競合的交渉」をすることもあるでしょう。ただし、その相手と次に交渉することがあったときに、うまくいくかどうかは保証できません。

　「競合的交渉」は相手との関係を壊してしまうことがあります。ですから、これからも付き合っていく友達や家族、あなたが社会人として働く職場の同僚や上司などとの問題解決には、次に紹介する「協調的交渉」をおすすめしたいと思います。

2 ｜ 「協調的交渉」とはどういう交渉か

　アメリカでは古くから、すぐれた交渉者は「タフネゴシエーター（Tough negotiator）」であるとされてきました。しかし、現在では、すぐれた交渉者は「協調的状況を作り、双方が満足できる合意（Win/Win）を導く人である」という考えに変わっています。これは、ドイチ博士らの「対立・衝突（コンフリクト）」に関する実証的研究によって、「人は競合的な状況より協調的な状況にあるほうが、

それぞれ他者のことを意識に留め、より他者の影響を受けやすくなる。それが相互コミュニケーションの難しさを和らげる」ことが明らかになったからです。

考えてみれば、厳密に「競合的」な状況、あるいは、厳密に「協調的」な状況というのはわたしたちの実生活の中にはほとんどなく、多くの場合、対立する利害と両立する利害が混在し、複雑に絡み合っているのです。人には、自分にとって最優先のゴールとそうでないゴールがあるため、わたしたちは、あるゴールではお互いに協力し、別のゴールでは非協力的になることがあるのです。

サッカーの選手たちの例で考えてみましょう。

彼らはポジション争いでは競い合っていますが、所属クラブの優勝のため、あるいは、国の代表チームのためには一致団結して協力し合っています。

1つのポジションを争っているチームメイト同士でも、優先順位により、お互いの依存関係がポジティブ（協力的）に働く場合とネガティブ（非協力的）に働く場合があるのです。

ドイチ博士は、このように協力と非協力的要素が混在する実社会での対立・衝突を観察し続け、そこには当事者双方ともに何も手に入らない（Mutual loss）、一方が勝ち他方が負ける（Gain for one and loss for the other）、双方が満足（Mutual gain）というさまざまな結果が出てくる可能性があるにもかかわらず、「当事者たちが、相手のことも考慮して協力的になるか、勝ちにこだわり非協力的になるか、それを決める条件は何だろう」という問いを立て、学生を使って1つの実験をおこないました。

ある社会問題について、各グループで意見をまとめるという課題を与えられた学生たちは、各自の意見が自分のグループに貢献したかしなかったかをグループ内のほかのメンバーとの比較で評価する「競合グループ」と、ほかのグループとの比較でグループの全員を

同じ評価にするという「協力グループ」の２つに分かれてディスカッションをおこないました。

　その結果、「協力グループ」では、友好的雰囲気の中で各自が自分のことを相手に伝え、相手のことにも耳を傾け、相手の「欲求」やリクエストに役立ちたいという気持ちも見られ、全員で協力し合うなかで、相互の力と可能な限りの資源の活用が共通のゴールとなり、お互いに反目している利害も「双方で解決すべき問題」と見なす態度が見られました。一方、「競合グループ」では、グループ内でのコミュニケーションが不活発で、相手に情報を伝えず、騙し合いや妨害が多くなり、相手の考えの正当性を極力抑えることが目的となったと、ドイチ博士は報告しています。

　相手に配慮し、お互いに協力し合う状況下で情報交換が進めば、お互いの「欲求」とその背景にある価値観や信念や感情などを見極めることができ、それにより相互理解も深まり、そのプロセスで人はお互いに学び、自分を見つめ直すこともあり、、それによって、それぞれの内的変化が生じることが明らかになりました。その結果、お互いに歩みよる可能性が広がり、結果的に生産的な結果を招くことができることも明らかになりました。

　この実験で、「協力グループ」の学生たちは全員 A という高い評価をもらいました。競合より協力し合うほうが高い生産性を生むことが証明されたのです。

　このような人間の行動心理、あるいは、そのような態度を取らせる諸要因を見極めることが相互満足（Win/Win）となる問題解決には重要であることが明らかになり、そのためには、あとで詳しく説明しますが、相手の心を開かせるためのコミュニケーションのスキル（技術）と相互の信頼関係が交渉では不可欠ということになったのです。

　「協調的交渉」を図で示すと図 3-2 のようなイメージです。

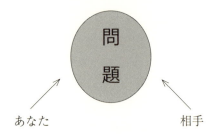

図 3-2　協調的交渉

　「協調的交渉」では、あなたと相手が問題を同じサイドから見ています。横並びで席についている交渉者たちはお互いに相手の様子もしっかり見えているので、疑心暗鬼になることもなく信頼し合い、友好的雰囲気の中で双方が歩みよって、建設的な話し合い（情報交換）を進めていくことができます。

　双方間の争いやトラブルを「われわれの問題」ととらえて争点（＝対立点）を検証し、双方にとって最善の解決策を交渉者たちが一緒に見つける「協調的交渉」で求められるのは、次のようなあなたの態度です。

①相手の考えに同意をする必要はないが、相手を尊重し、相手の　能力を認める（自分の能力を認められた人はほかの考えにも興味　を示し、受け入れる気になるから）
②相手の考えや見方（価値観）を理解する
③双方で協力して相違点を明らかにし、さまざまな見方・考えを　統合して解決策を導く

　つまり、「つねに理性的である」ことが交渉者にとっては不可欠なのです。

3 ｜ 「協調」は「譲歩」や「妥協」ではない

　日本語の「協調」には「相手に合わせる」というニュアンスが含まれているので、「譲歩」や「妥協」と、どう違うのかわからない、と思う人がいるかもしれません。

　下の図で「協調」の位置を考えてみましょう。

　「協調」の位置は、図の左端上の E 点と右端下の A 点からそれぞれ縦軸と横軸に平行に 2 本の罫線を伸ばし、2 本が交わった G 点です。G 点では「自分への配慮」と「相手への配慮」がそれぞれ 100％になっています。80％／80％ずつの配慮で、H 点もかなり協

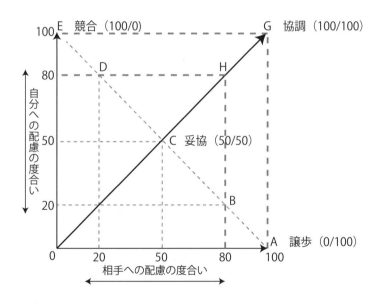

図 3-3　自分と相手への配慮の度合いと行動パターン（2）

出所：R. Kilmann and K. Thomas "Thomas-Kilman Conflict Mode Instrument," *Developing a forced-choice measure of conflict handling behavior*, 1977 を筆者が一部改変。

調的です。

　図3-3のG点、そしてH点は左上のE点と右下のA点を結ぶ対角線上のC点やB点やD点より上に位置しています。このことは、「協調」は分配による従来型問題解決法ではないことを示しています。しかも、G点、H点を接点とする2つの正方形の縦横2辺の長さは「等しい」のです。これは、自分と相手への配慮が「同等である」ことを意味しています。C点を接点とする正方形の縦横2辺の長さも同じですが、C点は「協調」を目指すも道半ばで、双方の小さな満足（win/win）で終わっている「妥協」です。図3-3を見れば、「協調」は「妥協」でも「譲歩」でもないことが明らかです。「協調的交渉」が目指すのは、双方ができるだけ大きな満足（Win/Win）を等しく得ることなのです。

　ビジネスの現場では、「これで双方がウィンウィンになりましたね」などというセリフがよく聞かれます。その場合の「ウィンウィン」は、一方が相手側に多少妥協や譲歩をして導いたものかもしれません。取引では、相手にとっては大きな"Win"、自分たちは小さな"win"でも、「取引が成立しないよりまし」と思って合意をする場合もあるはずです。妥協や譲歩を先行投資としてとらえることができれば、「これでウィンウィンですね」と手を打つことも可能というような場合です。たとえば、価格で譲歩した分、支払条件や保証期間で補うことで合意をした場合ですが、その結果、もし「自分は相手に妥協や譲歩をした」と一方が思えば、合意はしても、それは厳密な意味での双方の相互満足（Win/Win）ではないのかもしれません。

　「協調的交渉」では、双方が等しく満足となる合意を目指します。

4 | どうやって双方は歩みよるのか

●コラボレーションで問題解決

　「協調的交渉」の原題 "Collaborative Negotiation" の "collaborative" は "collaboration"（コラボレーション）の形容詞形です。つまり、「協調的交渉」とは、あなたが相手との「コラボレーション」で問題解決を目指すことなのです。

　オーケストラの演奏が人々に感動を与えるのは、さまざまな楽器の「コラボレーション」が奏でるハーモニーがあるからです。企業や組織では最近、「○○プロジェクトチーム」を立ち上げることが多いようですが、その狙いは多様な人材からなるチームの「コラボレーション」効果です。いずれも、目指すは異質なものを合わせることで生まれる 1 + 1 = 2 以上の相乗効果です。

　ただし、オーケストラの団員たちやプロジェクトチームのメンバーたち、1 人ひとりの力が十二分に発揮されなければ、「コラボレーション」の相乗効果による素晴らしい成果は期待できません。同じように、「コラボレーション」による問題解決では、あなたと相手が問題解決のためのチームの一員として、それぞれが力を十分に発揮することが不可欠で、それにより、あらたな「第三の道」となるような解決策を創造することが期待されているのです。

　具体的には、あなたは相手の言葉に耳を傾け、必要に応じて質問をするなどして、相手のこと（相手の「言い分」、「欲求」、考えや価値観など）をよく理解すると同時に、自分のこと（自分の「言い分」、「欲求」、考えや価値観など）を率直に、勇気を持って、相手にはっきりと伝えます。このように、交渉者たちは「協調的」な態度でコミュニケーションをおこなうのです。

このようにして、双方それぞれにとって一番大事な「欲求」を見極め、それらを満たす最善の解決策を双方で一緒に見つけるのです。

●まずは自分を変える

交渉においては、「言うべきは言う、聞くべきは聞く」ということが不可欠なのです。これは、自分と相手、それぞれの「個」を等しく配慮することを意味しますが、いきなり、図3-3のG点の「協調」のように自分と相手に100％の配慮をすることは、そう簡単なことではないでしょう。

図3-3のD点は、「自分への配慮」が80％、「相手への配慮」が20％で、かなり「競合的交渉」になっています。

もしあなたがD点のような「競合的交渉」を相手としていたら、自分の主張と同じだけ（この場合は80％）、相手の話に耳を傾けてみましょう。そうすれば、あなたの「自分への配慮」と「相手への配慮」は等しくなり、あなたの交渉はかなり「協調的」なものとなるはずです。

反対に、もしあなたの交渉がB点で、「相手への配慮」が80％、「自分への配慮」が20％であれば、あと60％だけ多く自分のことを相手に伝えてください。そうすれば、あなたの交渉はかなり「協調的」になるはずです。

相手は変わりませんし、変えることはできません。しかし、自分のコミュニケーションのやり方を変えることはできるはずです。あなたの態度が変われば、相手の態度も次第に変わるものです。

よく、「相手が競合的だったので交渉が失敗した」と言う人がいます。その場合、当の本人の態度が、相手から見れば、「競合的」だったということもあります。

あなたが「競合的」なら相手も「競合的」に、あなたが「協調

的」なら相手も「協調的」になるはずです。

●単純ではない Win/Win へのプロセス

もちろん、当事者双方が自分たちの交渉を「協調的」にしようと努力したほうが、双方の話し合いはより生産的なものになり、双方のストレスも少なくなります。しかし、実際には、双方が最初から「協調的」という場面は少ないかもしれません。

最初から最後まで「協調的」、あるいは、「競合的」というような交渉は、実際にはほとんどないでしょう。ある部分は「協調的」、あるいは、「多少競合的」というように、交渉のプロセスにはさまざまな局面が見られるものです。

先に説明したように、問題を起こしている当事者たちはまったくの赤の他人ではなく、なんらかの関係がある者同士ですから、双方間には協力と非協力という2つの要素が混在しているはずです。

であれば、競合し合っている者同士でも、交渉により双方が等しく「相互満足(Win/Win)」となる結果を導くことも可能なはずです。

相手と問題が起こったとき、その結果を破壊的ではなく建設的なもの（相互満足（Win/Win））にするのは、あなた自身です。言い換えれば、周囲の人とあなたがどう共存できるかは、あなた次第、あなたの態度次第なのです。

繰り返しますが、問題を起こしている相手とあなたにはなにかしら相互依存関係があり、共通点もあるはずです。そうであれば、相手との「協調的交渉」により相互満足（Win/Win）となる問題解決を導くことも不可能ではないでしょう。

「協調的交渉」の「協調」とは、自立した個人が同じく自立した個人である相手を認め、お互いを尊重して、対等な話し合いをする「協調的」態度のことです。「協調的交渉」は、成熟した大人に求め

られる「まわりとの結束・共存」のための問題解決法なのです。

　次の章では、「協調的交渉」をどう進めるのか、具体的に説明します。

実践編

──「協調的交渉」で問題を解決する

　「協調的交渉」を始める前にやらなければならないことがあります。それは交渉前の念入りな準備です。破壊的、建設的どちらにもなりうる対立・衝突の結果を、交渉で建設的なもの（相互満足 Win/Win）にするために、自分と相手、それぞれの交渉時の行動心理に影響を及ぼしているさまざまな要素を考えて、それらを交渉開始前に分析・整理しておくのです。

　交渉を左右すると考えられる「諸要素」を、ここでは、「交渉の諸要素」（Elements of negotiation）と呼ぶことにします。

　「協調的交渉」での問題解決に不可欠となるのは、この「交渉の諸要素」についての知識、そして交渉を段階的に進めるためのコミュニケーションのスキル（技術）の２つです。

　ここからは実践編になりますが、最初の第4章では、「交渉の諸要素」とはどういうものかを学び、それらをしっかり理解したうえで、「協調的交渉」のための「基本的枠組み表」（図4-2、59頁参照）を使って「交渉の諸要素」を分析・整理する「協調的交渉」の事前準備の実際を、みなさんと同じ大学生が抱える問題の実例を使って検証します。

　続く第5章では、「交渉の諸要素」を交渉全体の流れのどこで、どのように抑えるのか、そのためにはどんなコミュニケーションが必要かを学びます。

　最後の第6章では、「協調的交渉」の妨げとなるものについて考えます。

　たとえば、感情の起伏をコントロールできないとき、人はよく怒ります。あなたや相手の攻撃や怒りの爆発は「協調的交渉」を困難にしてしまうものです。

実践編 1——「協調的交渉」の事前準備

「協調的交渉」では、双方の「言い分」の下に隠れたお互いの「欲求」を探ること、言い換えれば、自分と相手の「言い分」と「欲求」をしっかりと見極めることが交渉で相互満足（Win/Win）となる結果を導く大事な鍵と考えます。あなたと相手の「言い分」と「欲求」は、あなたの「協調的交渉」を左右する重要な「交渉の諸要素」なのです。
ここでは、「言い分」と「欲求」とそれ以外のいくつかの重要な「交渉の諸要素」について、しっかりと理解しておきます。

1 「交渉の諸要素」を理解する

「協調的交渉」にとって重要と思われる「交渉の諸要素」は４つ。
①「言い分」（Position、「立場」でもある）、②「欲求」（Needs）、③「問題の見直し」（Reframing）、④「代替案」と「妨害案」（Chips & Chops）です。

現実的な欲求	①言い分（立場）	心理的な欲求
	②本音・欲求	
水、食糧、休息、セックス、ジェンダー、健康、お金、時間、学歴、資格、休暇、仕事など。	対立・衝突をしている双方が自分たちの言い分を主張するその理由である。欲求は2種類、現実的なものと心理的なものがある。	安全、愛、自尊心、所属、友情、承認、尊敬、楽しみ、勇気、力、希望など。
	共通の基盤	
	双方には共通の欲求もあるはず。それらを双方の「共通の基盤」と呼ぶ。	
	③問題の見直し	
	焦点を双方の言い分から本音・欲求へ移動させ、それにより解決の道を探る。	

④代替案・妨害案
双方の本音・欲求を満足させる方法がある。それは、あなたが相手と一緒に「それぞれの本音・欲求を満たすにはどうしたらよいだろうか」という問いかけに基づいて、双方を満足させる方法を考えることである。双方の話し合いでさまざまなアイデアを出し合い、その中で実現可能で、お互いにとって最良のもの（代替案）はどれかを検討する。相手に対するいやがらせは妨害案。

合意へ

図 4-1　協調的交渉の流れと交渉の諸要素

　上の図は「協調的交渉」の開始から合意に至るまでの流れと「交渉の諸要素」（①から④）の関係を示したものです。

●交渉の諸要素①「言い分（立場）」

　相手に対する要求や要請、あるいは、非難などで交渉が始まるこ

とがあります。交渉が始まると、交渉者たちはそれらを自分の「言い分（立場）」として主張し始めるのです。

　交渉者たちが「言い分（立場）」を主張するのは、それが「自分が満足できる結果を得るためのベストな方法である」と考えるからです。しかし、それはあくまでも 1 つの方法にすぎません。

　「言い分（立場）」の主張によって双方の対立点は明らかになりますが、もしお互いに主張を繰り返して譲り合わなければ、「交渉の雰囲気」は「協調的」から一気に「競合的」へと変わり、その結果、それぞれの「言い分（立場）」の主張の下に隠された「欲求」は見えてこなくなるでしょう。

　交渉が始まったら、まず、お互いの「言い分（立場）」を見極めて、双方の争点（≒対立点）をしっかりと理解をする。これが交渉の全体像をつかむうえで、とても重要なのです。その際に、お互いの「言い分（立場）」をよく理解していないのに、「理解している」と思い込まないことです。

　そうした思い込みを避けるには、交渉者それぞれが自分の「言い分（立場）」を明確に相手に伝えること。そして、双方が対立している点を確認し合うことです。この作業こそ、「協調的交渉」で問題解決に着手する最初の大事な一歩となるのです。

　「協調的交渉」では双方の「コラボレーション」で問題解決を目指すわけですから、自分の「言い分（立場）」を相手に伝えない、主張しないというあなたの態度では、「協調的交渉」そのものが成立しません。そればかりか、もしあなたが沈黙し続ければ、相手はあなたの態度を「非協力的だ」、「消極的だ」、「無責任だ」、「問題解決から逃げている」などと受け止めるかもしれません。そうなると、お互いに信頼関係を築くことも難しくなるでしょう。

●交渉の諸要素② 「欲求」

　人がそれぞれの「言い分（立場）」を主張するのは、「欲求」があるからです。「欲求」は交渉者たちが話し合いに臨む直接の「動機・理由」でもあるのです。

　たとえば、サークルのコンパにCさんを呼ぶかどうかで、AさんとBさんが対立しているとします。Aさんは、「人気者のCさんをコンパに呼ぼう」と主張し、Bさんは「Cさんが来ると、いつもCさんの話ばかりになる。呼びたくない」と主張し、2人は対立しています。

　実は、Cさんと最近ケンカしたばかりで、Bさんには「できれば一緒の場にいたくない」という理由がありました。だから、Bさんは「Cさんをコンパに呼びたくない」と主張していたのです。一方、Aさんはコンパを盛り上げたかったので「Cさんを呼ぼう」と主張しました。

　多くの場合、人は自分の「言い分（立場）」を真っ先に主張するため、その理由、つまり、「欲求」は「言い分（立場）」の背後に隠れて相手からは見えにくくなるのです。このように「言い分（立場）」の背後に隠れている「欲求」を潜在的「欲求」（Underlying needs、「本音」でもある）と呼びます。

　一般に、人は自分の潜在的「欲求」（本音）をなるべく相手に知られたくないと考えるものです。

●交渉の諸要素③ 「問題の見直し」

　「問題の見直し」とは、双方の「欲求」が明らかになったら、その中から最優先の「欲求」（＝本音、最優先事項でもある）をそれぞ

れ1つ（複数となる場合もある）探し出し、双方間の争点（＝対立点）からそれぞれの最優先事項に焦点を移して、双方の問題をもう一度とらえ直す作業のことです。

　簡単に言えば、当事者双方の最優先事項が満たされるような視点から問題の争点をとらえ直すことです。

　「僕は自分の欲しいものをあきらめるから、君も何かをあきらめて。そうすればフィフティー、フィフティーだ」とよく言う人がいます。これは典型的な「妥協」です。一方、「問題の見直し」では、交渉者がそれぞれの一番大事な「欲求」を見て、「お互いの最優先事項を満たすにはどうしたらいいかを一緒に考えよう」という視点に立っている点で、「妥協」とはまったく異なります。

　1個のオレンジをめぐって争っていた上田家の姉妹のお母さんの「問題の見直し」をここで考えてみましょう。

　「なぜ、2人はオレンジが欲しいと主張しているのだろう。その理由は何かしら」とお母さんはまず考えてみました。次に、お母さんは、姉妹それぞれに「なぜ、このオレンジが欲しいの？」と尋ねました。その結果、姉の最優先事項（「ママレードを作るのでオレンジの皮が欲しい」）と妹の最優先事項（「オレンジの果肉を食べたい」）を見つけ出して、「2人のそれぞれの最優先事項を満たすにはどうしたらいいか」とお母さんは考えました。お母さんは「問題の見直し」をしたのです。その結果、姉には皮、妹には果肉を与えて、お母さんは姉妹それぞれが100％満足できる問題解決を導くことができたはずです。

　コンパに「Cさんを呼ぶ」「呼ばない」で対立していたサークル仲間のAさんとBさんの場合も、Aさんには「コンパを盛り上げたい」、Bさんには「Cさんと顔を合わせたくない」とそれぞれの理由がありました。もしそれらが双方の最優先事項であれば、「Aの『コンパを盛り上げたい』とBの『Cさんと顔を合わせたくない』

という最優先事項をそれぞれ満たすにはどうしたらいいだろうか」
という問いかけをすることで、2人の問題の争点（「Cさんを呼びた
い」、「呼びたくない」）の「問題の見直し」ができるはずです。

　ちなみに、Cさんを呼ばなくてもコンパを盛り上げるために何か
いいアイデアが見つかれば、AさんとBさんの抱える問題は解決
するはずです。たとえば、Cさん以外にコンパを盛り上げるのが得
意な人を見つける、あるいは、コンパの趣向を変えて他校の同好サ
ークルとの交流会にする、などはどうでしょうか。

　このように、「問題の見直し」で当事者それぞれの最優先事項
に焦点を当てることができれば、それは、双方の相互満足（Win/
Win）という結果をもたらすための飛躍的な第一歩となるはずです。
また、交渉中に「問題の見直し」をすることで、交渉の雰囲気が
「競合的」から「協調的」へとガラッと変わることもあります。

●交渉の諸要素④－1「代替案」

　自分と相手の最優先の「欲求」（＝本音、最優先事項）を満たすた
めのアイデアが「代替案」です。

　自分の最優先の「欲求」（本音）を満たすために、あなたが交渉
相手に示すのはあなたの「言い分（立場）」です。自分だけでなく、
相手の最優先事項も満たすために、あなたが相手側に示すのが「代
替案」です。

　「言い分（立場）」と「代替案」は問題解決の方法を提示してい
る点では同じですが、「言い分」は自分のため、「代替案」は双方の
ためという点で、この2つはまったく異なる性質のものです。

　もし「問題の見直し」の問いかけの答えになりそうなアイデアの
中に双方が満足できそうな「代替案」が見つかれば、しかも、その
数が多ければ、あなたは交渉を優位に進めることができ、あなたと

相手の合意形成もあと一歩まで近づくはずです。

　ただ、あなたの提案を相手が認めなければ、それは「代替案」とはならないのです。たとえば、「コンパでは、君とCさんの席はできるだけ離そう」というAさんの提案をBさんが「それじゃダメ」と認めなければ、せっかくのAさんの提案はこの問題解決のための「代替案」とはなりえないのです。

●交渉の諸要素④－2「妨害案」

　相手を脅す、侮辱する、相手にとって価値のあるものを無理やり奪うなど、そうすることが自分にとって有利になると判断したとき、交渉者はさまざまな方法で相手になんらかのダメージを与えて自分の立場を守り、自分の「欲求」を満たそうとします。このような相手への嫌がらせが「妨害案」です。

　自分だけ満足しようと思うとき、とくに「競合的交渉」の場で、「妨害案」はよく飛び交います。しかも、交渉者たちが交渉に不慣れで、感情的になっていると「妨害案」が頻繁に使われます。

　「妨害案」を数多く持っていれば、その分、あなたの交渉力が強まるのもたしかですが、「妨害案」が有効な手段となりうるのは、交渉のすう勢を互角にしようとするときや相手からの「妨害案」をかわしたいときです。

　多くの場合、「妨害案」が出れば、「協調的交渉」に欠かせない相手との信頼関係は壊れてしまいます。したがって、「妨害案」は「協調的交渉」では極力使わないのが鉄則です。

2 | 「交渉の諸要素」の分析と整理

　「交渉の諸要素」の分析・整理、言い換えれば、当事者間の問題の論点を「部分」に分けて分析・整理する「協調的交渉」の事前準備では、実践編の冒頭でも説明したように、「協調的交渉」のための「基本的枠組み」表（図4-2）と呼ばれる分析表を用います。

　この分析表で事前に整理しておくのは、「交渉の諸要素」の①、②、③、④（当事者双方の「言い分」と「欲求」、「問題の見直し」、そして「代替案」と「妨害案」）です。

　なお、交渉の開始前には、相手の「世界観」についてもある程度の下調べをしておく、また、「交渉の雰囲気」づくりをすることなども「協調的交渉」で問題解決を目指す人にとっては必要不可欠な事前準備となります。（これらについては第6章で触れます）

3 | 「協調的交渉」の段階的流れ

　交渉の事前準備での「交渉の諸要素」の分析・整理を終え、次に考えるのは「協調的交渉」をどのように進めていくかです。

　交渉開始から合意に達するまで、図4-3に↓で示したように、「協調的交渉」では4つのステップを踏みながら、交渉者たちは段階的に双方の話し合いを進めていきます。

　しかも、「協調的交渉」の各ステップにはそれぞれでやるべき作業があるのです。この順番をきちんと理解したうえで、相手との話し合いを段階的に進めることができれば、あなたは「協調的交渉」での成功、つまり、相互満足（Win/Win）となる問題解決を導くことができるはずです。

	自分	相手
対　立　点		
欲　求・ 本　音		
問題の見直し		
どうしたら自分の＿＿＿＿＿＿という最優先事項と、相手の＿＿＿＿＿＿という最優先事項を満たすことができるだろうか。		
代替案		
妨害案		

図 4-2　「協調的交渉」のための「基本的枠組み」表

出所：Raider, E. and S. Coleman, *Collaborative Negotiation: Skills Training*, Ellen Raider International, 1992 の中の分析表を筆者が一部改変。

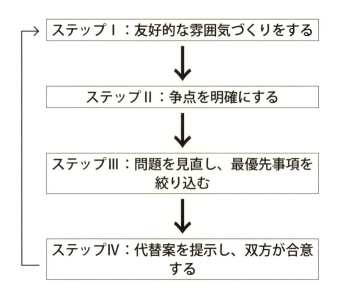

図 4-3 「協調的交渉」の段階的流れ

ところで、先に紹介した図 4-2 と図 4-3 には共通点があることに、あなたは気づきませんでしたか。

図 4-2 の「協調的交渉」のための「基本的枠組み」表と図 4-3 の「協調的交渉」の段階的流れには、ある共通点があります。

図 4-2 で事前に問題の論点を分析・整理するその順番は、図 4-3 に示した交渉の段階的流れと一致しているのです。

図 4-2 は、交渉前にあなたが問題の論点を分析・整理しておくための「ツール」であると同時に、交渉の席で相手と段階的に話を進めていく交渉者（あなた）の「思考の流れ」をも示しているのです。つまり、この分析表は、あなたが交渉を段階的に進めるための「枠組み（フレーム）」であり、あなたの交渉の道筋を示す「地図（マップ）」でもあるのです。

分析表で「交渉の諸要素」を事前に分析しながら、あなたが「協

調的交渉」の段階的な流れを頭の中にイメージできれば、実際の交渉の席についたとき、あなたは落ち着いて相手を見ながら、双方の「交渉の諸要素」を考え、「協調的交渉」を段階的に進めることができるでしょう。

4　「交渉の諸要素」の分析例（基礎編）

　次に、アルバイト講師をしている大学生たちの例で、「交渉の諸要素」を分析してみましょう。

> ある塾でアルバイト講師をしている大学生たちの意見が、「教室の運営」に関わるか、関わらないかで 2 つに割れ、アルバイト仲間に対立が起こりました。

　ある塾では、「教室をもっとよくしたい」と思っていた M さんグループの 5 人と「授業だけやっていればいい」と考えていた N さんグループの 4 人の意見が対立していました。

　双方の対立をなんとか解決しようと、塾のアルバイト講師全員が一度集まり、話し合いをしました。しかし、最初から最後まで、双方の頭にあったのは「A か B か」という二者択一の考えだったので、双方の話し合いは平行線のまま折り合いがつかず、最後は、なんとなく後味の悪い雰囲気のまま、物別れで終わってしまいました。

　その後しばらくして、「授業をやるだけでなく、教室（の雰囲気）をよくしたい」と M さんのグループだけで活動を始めたところ、生徒も増え、教室にも活気が出てきました。M さんたちの活動に賛同する人たちも増え、M さんたちは「自分

Mさんグループ「教室をもっとよくしたい」　Nさんグループ「授業だけすればいい」

たちは間違っていなかった」とちょっとばかり得意になっていました。

　一方、Mさんたちに最後まで反対していたNさんのグループは次第に面白くなくなったようで、グループの何人かは塾を辞めてしまいました。

　もしMさんたちが図4-2の「協調的交渉」のための「基本的枠組み」表を使って事前に自分たちの意見の対立を分析してから全員で話し合っていたら、彼らの交渉は別の展開になっていたかもしれません。

　彼らが事前に「交渉の諸要素」を分析していたら、その交渉はどうなったのかを、ここで想像し、一緒に考えてみましょう。

　あなたは塾講師のMさんになったつもりで、59頁の「協調的交渉」のための「基本的枠組み」表（図4-2）を使って、塾アルバイト講師たちの抱える問題の論点を1人で分析してみてください（15分間で）。

その後、解答例（68頁）やクラスメートの答えと自分の分析結果を比べてみましょう。そのうえで、クラス全体でディスカッションしてみましょう。

分析作業1 双方の「争点」（対立点）を明確にする

まず、当事者双方の争点（＝対立点）を考えます。それぞれの「言い分（立場）」はお互いの主張をよく聴いていれば、ある程度はわかるものです。

①双方の「言い分（立場）」を確認する

→双方の言い争いの「対立点は何か」を考えます。それらは次のようになったはずです。

> **Mさんたちの「言い分」**：「教室（の雰囲気）をよくしたい」
> **Nさんグループの「言い分」**：「授業だけすればいい」

②それぞれの「欲求」を考える

下のような問いかけをして、双方の「言い分（立場）」の主張の下に隠れている潜在的「欲求」をあなたは見つけることができたでしょうか。

> →「自分（相手）はなぜ○○（△△）という『言い分（立場）』にこだわり、××（▽▽）と主張しているのだろうか」

このように、自問自答をして自分の潜在的「欲求」が見つかったら、それらすべてを分析表の該当欄に書き出しておきます。

　以下は、Mさんたちの「欲求」、つまり、「教室もよくしたい」と考える理由です。

　①生徒の満足向上のためになるから
　②与えられた仕事をこなすより「教室の運営」の仕事はやりがいがあるから
　③学習指導以外の活動は自分たちの将来に役立つから
　④何事も一生懸命やりたいから

　次に、同じ問いかけ文で、Nさんたちの「授業だけすればいい」という主張の真意について考えてみます。
　なぜ、Nさんたちは「授業だけすればいい」と思っているのでしょうか。あなたが探り出したその理由は次のようなことではありませんか。

　①アルバイトなのだから給料が上がるわけでもないし、余計なことをせず、決められている授業だけやればいいと考えているのではないか
　②「教室の運営」に関わることは塾の販促に関わると思っているのかもしれない
　③ほかにもやりたいことがあり、ここでの仕事を増やしたくないのだろう

　多くの場合、相手の「欲求」はわからないので、あなた自身でそれらを推測するしかありません。推測した相手の「欲求」も分析表の該当枠にすべて書き込みます。

(分析作業2)　「問題の見直し」をする

　双方が「教室をよくしたい」、「必要ない」とそれぞれ主張をし続ければ、言い争いは堂々巡りで決着がつきません。

　そこで、双方の争点となっている「対立点」から、それぞれの「欲求」へと、あなたの意識の焦点を移動させます。そして、双方の「欲求」を分析表に書き入れたら、その中から、それぞれにとって最優先となる「欲求」（＝本音、最優先事項）をおのおの1つ、場合によっては複数、選び出し、双方の最優先事項に焦点を当てて、もう一度双方間の問題を見直します。これが次にやるべき作業の「問題の見直し」でしたね。

　「問題の見直し」のために、あなたはそれぞれの最優先事項を次のように絞り込むことができたでしょうか。

自分の最優先の「欲求」：
　与えられた仕事をこなすより「教室の運営」の仕事はやりがいがあるからやりたい
相手の最優先の「欲求」：
　アルバイトなのだから余計なことはしたくないのだろう（推測）

　双方の最優先事項がわかったら、次に、「それぞれの最優先の『欲求』を満足させるにはどうしたらいいのだろうか」と考えます。その答えを見つけるためには、次のような問いかけ文を作り、自問自答します。これが「問題の見直し」です。

66

> 「**与えられた仕事をこなすより、やりがいがあることをしたい**
> という自分たちの最優先事項と、**アルバイトなのだから余計な
> ことはしたくない**というNさんたちの最優先事項を、それぞ
> れ満たすにはどうしたらいいのだろう」

　繰り返しになりますが、相手の最優先の「欲求」、言い換えれば、最優先事項は、多くの場合、よくわからないものです。相手の「欲求」については、あなたは自分なりに推測をするしかないのです。

(分析作業3) 「代替案」となるアイデアを考える

　「問題の見直し」での自問自答により、いいアイデアが見つかったら、それらすべてを分析表の「代替案」の欄に書き込みます。
　あなたにとって馬鹿げたように思えるアイデアを相手が「素晴らしいアイデアだ」と思うこともあるので、ここでは思いついたアイデアはすべて分析表に書き出しておきます。
　双方の最優先事項を満たせるようなアイデアをあなたはいくつ分析表の該当欄に「代替案」として書き入れることができましたか。その中に以下のようなアイデアはありましたか。

> 1) アルバイト講師ができる「教室の運営」は何かについて全員で一度話し合ってみるのはどうか
> 2) 自分たちの活動によって生徒が増えた場合にボーナスが出ないかを塾側と掛け合ってみるのはどうか
> 3) 生徒たちや親に「教室」についてのアンケートをしてみるのはどうか
> 4) ほかの塾の「教室」を見学してみるのはどうか

　先に説明したように、あなたが相手側に提示する「代替案」は双方の最優先事項を満たせるもので、しかも、実現可能なものでなければなりません。たとえば、「全員で何ができるか話し合ってみる」というアイデアがいかに素晴らしく思えても、それに反対する人がいれば全員での話し合いは難しいでしょう。その結果、せっかくのあなたのアイデアも「代替案」とはなりません。

　MさんグループとNさんグループの間に起こった問題の解決のための「代替案」になりそうなアイデアをここでは4つリストアップしてみましたが、それらが「代替案」となりうるかどうかは、交渉の席であなたがNさんたちの最優先事項を確認してからでないとはっきりしません。

　それでも、事前準備の段階では、「代替案」となりうるアイデアを数多く用意しておきます。なぜなら、交渉の席で相手の最優先事項を確認したら、思いがけず、数多く用意しておいたアイデアの中にあなたが「代替案」として相手側に出せるものが含まれているかもしれないからです。あなたが分析表に書き込んでおくアイデアが多ければ多いほど、問題解決の可能性も広がるというわけです。

　分析表の該当欄に「代替案」となりそうなアイデアを書き入れたら、次に「妨害案」を考えます。

　交渉の席で「妨害案」が出ると友好的な雰囲気が突然険悪な雰囲気に変わってしまうこともあるので、事前に、自分が相手に出しそうな「妨害案」と相手から出てきそうな「妨害案」を整理して分析表に書き出しておきます。そうすれば、交渉の席で、あなた自身が相手の「妨害案」に振り回されないでしょうし、また、自らも相手に「妨害案は出さない」と、自分自身をコントロールすることができるはずです。

　ここまでが「協調的交渉」のための「基本的枠組み」表を使った「協調的交渉」の事前準備です。あなたの分析結果はどうでしたか。

	自分	相手
対 立 点	授業以外に教室もよくしたい	授業だけすればいい
欲 求・本 音	・生徒の満足向上のための活動としてやりたい ・与えられた仕事だけでは物足りない ・自分たちの将来にも役立つ ・何事も一生懸命やりたい	・アルバイトなのだから余計なことはしない ・給料が上がるわけでもない ・「教室の運営」に関わることは塾の販促にもなるのでやりたくない ・忙しい

問題の見直し

どうしたら自分の**与えられた仕事をこなすよりやりがいがあることをしたい**という最優先事項と、Nさんグループの**アルバイトなのだから余計なことはしたくない**という最優先事項を満たすことができるだろうか。

代替案	・全員で「教室の運営」の意見交換をする ・活動で生徒数が増えたら、ボーナスが出るよう塾と掛け合う ・アンケートを取る ・ほかの塾を見学する	
妨害案	・相手の意見を無視する	・塾を辞めてしまう

図 4-4　Mさんの「諸要素」分析結果

　図 4-4 の分析結果は「交渉の諸要素」の分析・整理結果を示した 1 つのモデルにすぎず、「唯一正しい」という種類のものではありません。ですから、あくまで参考資料としてください。あなたの分析のほうがよくできていたかもしれませんね。

5 ｜ 「交渉の諸要素」の分析例（応用編）

　「交渉の諸要素」の分析の練習を数多く繰り返すことで、なんらかの対立や衝突に遭遇したとき、あなたはそれぞれの「言い分（立場）」や「欲求」を見極めることが自然にできるようになるでしょう。
　以下はすべて、あなたと同じ大学生が抱えている問題です。
　さまざまなケースの「交渉の諸要素」の整理・分析を、できれば 2 人ペアでやってみましょう。双方の話し合いにより、自分 1 人では気がつかなかったことが見つかるかもしれません。

> ⋯⋯⋯⋯⋯⋯⋯⋯⋯⋯ **（1）父親との対立** ⋯⋯⋯⋯⋯⋯⋯⋯⋯⋯
> 　大学の受験校を 1 校に絞れと主張する父親と、3 校は受験したいという私との間で対立が起きている。

　父親の言い分は「1 校に絞ったほうが勉強しやすいし、『数打てば当たる』という考えには反対で、しかも、受験校が多くなればお金もかかるので、わが家では無理」というものでした。
　一方、高校の進路指導の先生も「最低 3 校は受験すべき」とアドバイスしているし、滑り止めも受けずに 1 校だけでは私はどうしても不安だった。
　浪人することになったら、もっとお金がかかるのに、父親はその辺をどう思っているのだろうか。

（2）フットサルサークル仲間の対立

学校のフットサルサークルで、学内のリーグ戦に参加するか否かで仲間の意見が対立した。

　私（サークルの代表者）は、仲間同士の紅白戦のみでは練習がマンネリ化し、チーム全体のモチベーションも下がっているのが気がかりだった。リーグ戦に参入することでサークルに目標ができれば、チームの結束が強まるだろうと期待をしていた。

　一方、リーグ戦参加に反対する仲間たちは、自分たちのサークルのメンバーの多くは初心者なので、リーグ戦への参加でチーム内で実力の差がはっきりしてしまうと、サークルの和が乱れてしまうのではと、心配しているようだ。

（3）レンタカー屋での顧客対応

私がレンタカー屋でバイトをしていたとき、閉店 3 分後にレンタカーを返却に来たお客さんと店の間にトラブルが起こった。

　相手は「閉店から 3 分しか経っていないし、店内にスタッフがまだいるのに対応してくれないのは理不尽だ」と主張して譲らない。

　一方、私たちスタッフは「閉店時間を過ぎたらレンタカーを返却できないことは最初の契約時に伝えてある」という理由で、返却を受け入れなかった。

（4）マンガ家になりたい Aさん

高校 3 年生の A さんは昔からマンガを描くのが好きなので、将来はプロのマンガ家になりたいと思っていたが、母親は別の進路を希望している。

　Aさんは高校卒業後は専門学校に進学して、マンガを描く技術を身につけたいと思っていた。

　一方、Aさんの母親は、進学校に通うAさんの成績がいいので、できれば大学に進学して欲しいと思っていた。マンガ家という職業は安定していないので、安定したほかの道を考えて欲しいと母親は思っていた。

（5）U君、部活をやめないで！

自分とU君は同じ大学の2年生で同じ部活に所属している。問題は部活の先輩Dで、Dはなにかあるとお酒を飲むことを部員たちにすすめるため、お酒が飲めないU君は部活をやめたいと言っている。

　せっかくここまで同期4人のチームワークで頑張ってきたので、自分はできればU君には部活を続けて欲しいと思っている。U君が欠ければ、その分、下働きの割り当てが増えるのも避けたかった。

　U君は部活だけに縛られずに勉強やゲームなど、ほかにもやりたいことがあるらしい。

（6）ゴミ出し問題

Cさんはアパートの管理人から「夜にゴミを出すのはやめてください」と何度も言われている。

　しかし、Cさんにも「朝は時間がない」、「以前、ゴミ収集の人と口論になったことがあり、その人と顔を合わせたくない」、「近所の人にゴミを出すところを見られたくない」など、朝にゴミを出したくない理由がいろいろある。

　夜にゴミを出すと、早朝、カラスがあさり、ゴミが散乱する

ので、管理人さんはホトホト困っている。

……… (7) 責任ある仕事を断った S 子さん ………

　S 子さんが飲食店でアルバイトを始めて 1 年すぎた頃、店長から「そろそろほかのアルバイトたちに指示を出す責任者になって欲しい」と言われ、突然のことに、S 子さんは戸惑ってしまった。「もう少し仕事ができるようになってから」と思った S 子さんは、その話を断ってしまった。

　S 子さんには、ほかの先輩を差し置いて自分が上に立つことで、先輩との間がこじれるのではないかという恐れもあった。
　しかし、そんな S 子さんは今になって、「もっと上を目指して頑張れば頑張れた。期待に応えるべきだったかもしれない」と、少し後悔している。

……… (8) 東京でインターンをしたい Y 子さん ………

　Y 子さんは福岡市のある女子大の 3 年生。彼女は春休みに東京にある NGO でインターンをするつもりだったが、両親は反対している。

　インターンでさまざまな経験をしてネットワークを広げられれば就活にも役立つだろうと、Y 子さんはこのチャンスを喜んでいた。
　しかし、親元を離れて娘が 1 人で東京に住むのは危険ではないかと母親は心配し、無報酬のインターンということに父親は納得がいかないようである。

（解答例は巻末に掲載）

コラム

「言い分（立場）」と「欲求」の違い

　「言い分（立場）」と「欲求」の違いを見分けることはそれほど簡単ではありません。それができれば、あなたの交渉は半分ぐらい成功したといえるでしょう。なぜなら、交渉で相互満足（Win/Win）となる結果を確実に導くには、お互いの「欲求」、とくに最優先の潜在的「欲求」（＝本音、最優先事項）を満たすことが不可欠となるからです。

　しかるに、「自分は何を求めているのか」がよくわからないままに主張をしている人がいます。相手がそのような主張をしている場合、その人の潜在的「欲求」（本音）を見極めるのは容易ではありませんが、少なくとも、その人が自分の「欲求」を理解しているか否かについては、あなたが確認をしなければなりません。

　たとえば、「相手が○○という主張をしている理由は何だろう」と自問して、あなたがその答えを探さなければならないのです。

　自分の最優先事項が満たされれば、人はその結果に満足して、これまで自分が主張してきたことはどうでもよくなることがあるので、それぞれの「欲求」を探し、その中から最優先事項を探り、それらを満たすことで相互満足（Win/Win）となる問題解決を導くことができるはずです。

　しかし、当事者双方に信頼関係が欠如している場合、交渉相手は自分の大事な「欲求」をなかなかあなたに明らかにしないでしょう。ですから、交渉では相手との信頼関係を築くことが大事なのです。

　仮に「あなたの欲求は○○ですか？」とあなたが問いかけ、相手が「そうです。○○です」と答えたとしても、あなたを信用していない相手は最優先事項を隠しているかもしれません。

　相手の「欲求」の見極めがどうしてもうまくいかないときには、日を改めて、友好的な雰囲気で再交渉をするほうがいい場合もあります。

コラム

交渉に役立つちょっとした小道具

　交渉者たちが座る椅子の配置やテーブルの大きさや形なども交渉の場の雰囲気を左右することがあります。四角いテーブルに双方が向かい合って座れば緊張感が増しやすく、丸いテーブルであれば、双方の緊張感が幾分軽減するかもしれません。

　会社の社長室や大臣の部屋などに置かれたバカでかい机と椅子などは、相手側へ威圧感を与え、「私の話を聞け！」というメッセージ送るために工夫された小道具ともいえそうです。今は少なくなりましたが、学校で先生たちが講義をする一段高い教壇も、恐らく、同じような役目を果たしていたはずです。

　一方、ビジネスの現場では、お互いに名刺交換をしながら「○○部署の△▽さん、お変わりないですか？」などと共通の話題を見つけながら、交渉前の緊張した場の雰囲気を和ませているシーンが、また、訪問先ではお茶やお絞りが出されるシーンもよく見られます。こうしたちょっとした小道具が友好的な「交渉の雰囲気」づくりに一役買っているのです。

第5章

実践編2——「協調的交渉」と
コミュニケーション

交渉に見られる人間のコミュニケーション行動
（Communication behaviors）は5種類に分類されます。5つのコミュニケーション行動の特徴と、それぞれの役割をまず理解し、そのうえで、建設的な話し合いを段階的に進めて合意に達するまでの「協調的交渉」の流れのどこで、どのようなコミュニケーション行動を取るべきか、その実際を、みなさんと一緒に検証します。

1 │ 交渉に見られるコミュニケーション行動

　「交渉の諸要素」を分析・整理して交渉前の準備を盤石なものとしても、交渉の席で交渉者たちのコミュニケーションがギクシャクすれば、交渉は行き詰まってしまうでしょう。

交渉における２者間コミュニケーションでは、「攻撃」、「回避（先送り）」、「情報伝達」、「情報収集」、「歩みより」という５つの行動が見られます。交渉の成否は、これらを交渉者がどのように使いこなすかにかかっているともいえるのです。

（1）攻撃

「攻撃」とは、交渉相手が「敵意がある」、「友好的でない」と感じるあなたのコミュニケーション行動のすべてです。「攻撃」は議論の争点に向けられるのではなく、相手本人に向けられることがしばしばです。

たとえば、相手を批判する、けなす、脅す、侮辱する、さらには、敵意がむき出しの声や表情やジェスチャー、また、人の話をさえぎる、人の意見を割引いて聴く、恩着せがましい態度を取る、誘導尋問をする、相手を「あなたは○○だ」と否定的な意味で１つのタイプにくくってしまう（ステレオタイプに当てはめる）など、そして、あなたの自己正当化も、すべて「攻撃」となります。

あなたは以下のようなことをすることはないですか。

感情を爆発させる
・感情をあらわにしたり、怒ったり、叫んだり、暴力的な態度を取る

相手を悪者扱いする
・争点ではなく、相手を攻撃している
・すぐに相手を否定的なステレオタイプに当てはめる

自己弁護する

・相手に非があると言って、自分を弁護している

相手を侮辱する

・ジョークや皮肉で相手を傷つけ、侮辱する

・見下したような口調で話す

・いかに相手を軽んじているかをあからさまにしながら、相手の
　考えに挑戦している

相手を脅す

・自分のアイデアや立場を相手が受け入れようとしないとき、
　「悪いことが起こる」などと言って、相手を脅している

自己主張をする

・自分の意見をねじ込むために、相手の話をさえぎる

・自分の意見を押し通したいとき、敵意に満ちた調子で話をして
　いる

　これらは、相手から「個人的であり、不公平で不合理」などと見なされることがある行動なので、あなたにとっては不本意でも、相手からの反撃を招きかねません。

　「攻撃された」と受け止めると、人は自分を守るために反撃を開始するものです。あなたにはその意図がまったくなくても、相手が「攻撃された」と感じるあなたのコミュニケーション行動はすべて「攻撃」となるのです。

　いずれにしろ、あなたが相手に挑戦的な態度を取り続けているかぎり、相手の心を開かせるのは難しいでしょう。あなたが自分の「言い分（立場）」の正当性を主張し、聴き手である相手があなたの

一方的な「言い分」ばかりに耳を傾ける状態が続けば、「攻撃されている」、「自分は不利な立場になるかもしれない」、「相手に譲歩する羽目になるかもしれない」などと相手は思い始め、本能的に自分を守ろうとするので、あなたへの反撃を考え始めるでしょう。

その結果、交渉の雰囲気は「競合的」になり、交渉者たちはお互いの相違点ばかりに気を取られ、最後は、お互いに「相手は信用できない」となるのです。これではせっかくの交渉も袋小路に陥り、行き詰まってしまいます。このような傾向は交渉経験の少ない人たちに顕著です。

「競合的交渉」によく見られるのが「攻撃すれば反撃される」という攻撃・反撃の悪循環です。この攻撃・反撃の悪循環を断ち切るのは簡単ではなく、そのスパイラルに陥ってしまうと、交渉の雰囲気は「競合的」になり、当事者双方がそれぞれの潜在的「欲求」を相手側に示さなくなります。

◆対処法

相手を攻めることと自分の「言い分（立場）」を主張することは、同じではありません。しかしながら、自分の立場を守る自己正当化ばかりすれば、相手から「非論理的」、「自己中心的」、「公正さを欠く」などと見なされるので、注意が必要です。自己正当化は「競合的交渉」に多く見られます。

もし自分の「言い分（立場）」がはっきりしていれば、あなたは相手の「言い分（立場）」に同意できないばかりか、相手の「言い分（立場）」を簡単に認められないはずです。それでも、「なぜ、相手は○○という立場を取るのだろうか」と自問し、その理由を理解しようとすることはできるはずです。そのような柔軟性を示せば、あなたが「問題解決に前向きである証拠」と相手は受け止めるでしょう。

　相手に配慮しながら、自分の「言い分（立場）」について、自分がなぜ「○○と主張している」のか、その理由を柔軟な態度で相手に示せば、聴く耳を持っていないように見えた相手の態度が変わるかもしれません。

　自分の「言い分（立場）」を主張しつつ、柔軟な態度で交渉に臨む態度が「協調的交渉」で不可欠となるあなたの「協調的」態度なのです。

（2）回避（先送り）

　交渉の席で当事者の一方、あるいは、双方が議論している問題を一時的に棚上げしようとする行動が回避（先送り）です。（相手を）無視する、話題を突然変える、意見を撤回する、（結論を）先延ばしにするなどは、典型的な「回避」（先送り）です。「回避」しているとき、

相手を無視する
・人の意見を無視している
・人の意見を聴くのをやめる

問題の解決を棚上げにする
・意見の相違があっても、沈黙し続ける
・衝突を避けるために、会議の場から立ち去る
・対立を避けるために話題を変える

安易な妥協で衝突を避けようとする
・あなた自身の欲求を無視し、人の意見を受け入れる

いずれかの行動をあなたはしていませんか。どうでしょうか。

　一方、交渉で「回避（先送り）」が有効に使える場合もあります。それは、

- （相手からの）あたらしい提案に対して「考える時間」が欲しいとき
- 仲間で作戦会議をするとき
- 論点の中に相手と大きな行き違いがあるとき（作戦の時間が足りないとき）
- （相手／自分の）面子を保つために、これ以上議論を続けたくないとき
- （相手／自分が）感情をコントロールできないとき（冷静な話し合いが困難なとき）

　もしあなたが以上のような状況にあれば、あなたは相手へ、次のような提案をすることができます。

- さまざまな選択肢を考える時間が必要なので、話し合いをこの次のミーティングに延ばそうと提案する
- 情報が足りないため、話し合いをこの次のミーティングでしようと提案する
- 対立を避けるために、話し合いを次のミーティングでしようと提案する
- 感情のコントロールをするための冷却期間が必要と感じたときに、「日を改めて、話し合おう」と提案する。

　このような提案をあなたがすれば、それは問題解決の先延ばしをすることにはなりますが、こうした「回避（先送り）」は必ずしも

問題解決を避けているのではないので、「肯定的な回避（先送り）」
となるはずです。

　あなたの「回避（先送り）」を、「肯定的なもの」と見るのも「否
定的なもの」と見るのも、相手です。あなたが質問を無視したり、
突然話題を変えたり、押し黙ったり、交渉の席を離れたりすれば、
相手はあなたの態度を「敵意あるもの」と見なすでしょう。

◆「回避（先送り）」の扱い

　問題の中には「避けたほうが賢明である」と思われるものや、
「エネルギーを消耗するだけの価値がない」と思われるものもあり
ます。そのような場合には、「回避（先送り）」を選択して、交渉の
先延ばしを提案することもありえます。

　また、いくつかの争点が明らかになっている場合、解決が難しそ
うな争点を一時棚上げとし、次に優先度の高い問題の解決から取り
組むという決断を下すことも交渉ではよく見られます。

　しかしながら、目の前に問題があるのに、それを見て見ぬふりを
する、あるいは、それに対峙するのを避ければ、問題解決は先送り
になります。当然ながら、交渉のテーブルに着くこと自体を回避す
る人が多ければ、問題は永久に解決されないでしょう。

　先にも述べましたが、「回避（先送り）」をしたまま放置された問
題は次第に大きくなり、いざ解決しようとするときには、その対処
が困難になってしまう場合もあるので、今解決できる問題の「先送
り（回避）」は避けなければなりません。

　もしあなたが問題の先送り（回避）ばかりすれば、「問題解決に
対する無関心さの表れ」とまわりから思われても仕方ありません。
こうした無関心さには、「そのうちに誰かがやってくれるだろう」
という他力本願が見え隠れしていることが多いものです。

あなたが「交渉は続行するつもりです」と断ったうえで、問題解決の一時的な保留を求めたり、仲間内での作戦会議を開くことを求める場合には、「回避（先送り）」をする理由を相手側にきちんと説明します。そうすれば、相手が「自分が疎んじられた」と思うことはないでしょう。

ただ、いくら肯定的なものであっても、「回避（先送り）」をするときは相手に対してあくまでも丁重な態度で接しなければなりません。「回避（先送り）」により交渉の話し合いを中断するわけですから、「なぜ、今、回避をするのか」についての理由をはっきりと相手に伝え、次の交渉の日時を決めてから交渉を打ち切ります。

（3）情報伝達

直接・間接を問わず、相手側に自分の考えなどを説明する「情報伝達」は交渉にとって必要不可欠なコミュニケーション行動です。

相手側になるべく多くの情報を提供し、相手からも多くの情報を得ることが相互理解を深め、交渉の流れもスムーズになるからです。

交渉で相手に伝える情報の内容は、あなたの立場、欲求（本音）、価値観、あるいは、感情などについてです。情報を伝えているとき、あなたは、

自分の立場を伝える

・個人的な意見や信念を示して、あなたの立場を正当化している
・自分の立場を力強く、攻撃的ではない口調で話している
・あなたの立場と潜在的「欲求」（本音）の違いを相手がわかるように明確に区別している
・自分の弱みを示すような情報であっても、積極的に伝えている
・研究論文や調査結果などに基づく事実を示し、あなたの立場を

正当化している

自分の「欲求」（本音）を明らかにする

・相手があなたの動機を理解できるように、あなたの潜在的「欲求」（本音）を明らかしている
・自分にとって何が大切かを素直に話している

自分の気持ちを伝える

・交渉したいという意思を相手にはっきりと伝えている
・あなたにとって何が受け入れられないかを率直、かつ明確に示している
・自分の感情を素直に話している

などの行動をしているはずです。

◆留意点

　「情報伝達」がうまくいけば、相手の考え、価値観、あるいは、感情などもお互いに理解できますが、「情報伝達」がうまくいかなければ、お互いに相手のことがよくわからず、不安感や不信感だけが膨らみ、敵対し始めるものです。

　あなたが自分のことを相手に伝えなければ、相手はあなたのことがよくわからず不安になり、不安はやがて疑心暗鬼を生み、相手が攻撃的な行動に出ることがあるのは、先に説明したとおりです。

　また、あなたの「情報伝達」を相手が「自己中心的」と受け止めてしまう、「あなたから攻撃されている」と受け止めてしまうこともあるでしょう。

　もしあなたが自分の潜在的「欲求」や感情などは隠し、自分の「言い分（立場）」を擁護するための情報ばかりを相手に示し続けれ

ば、相手はあなたの態度を「攻撃的である」と受け止めかねません。

　双方の「言い分（立場）」がすでにはっきりしているときや「言い分（立場）」の主張が双方の関係を険悪にすると思われるようなときに、あなたの「言い分（立場）」を伝えるのは不適切でしょう。

　そこで、一方的に「情報伝達」をするのではなく、相手をしっかり見ながら、何をどのような順番で、どの程度の情報を相手に提供するかを考えます。たとえば、交渉の開始時には、自分は「交渉する意思がある」、「問題解決に前向きである」ことなどを相手に明確に伝えます。そのあとで、自分の「言い分（立場）」を述べるのが効果的かもしれません。

　相手をしっかり見ると言いましたが、あなたとの信頼関係を「どうでもいい」と思っている相手に、自分の感情や最優先事項を明らかにすれば、相手に弱みを握られてしまうかもしれません。

　あなたは「協調的交渉」をしたいのに、相手はそう思っていない場合や相手の態度が攻撃的であれば、自分の「言い分（立場）」を相手に伝えるのを、ひとまず待ってみるのも１つの方法です。いずれにしろ、相手をよく見ることです。

　攻撃的な相手と「協調的」に話を進めるには、自分の「言い分（立場）」を切り出す前に、相手の「言い分（立場）」に耳を傾ける、相手に質問をする、相手の話を言い換えるなど、次に紹介する「情報収集」のコミュニケーション行動での対応が不可欠となるでしょう。

　このようにして、相手に配慮を示すことで相手の態度が変わったタイミングを見て、「なぜ、自分は○○の立場を取るに至ったか」について、あなたの「言い分（立場）」とその背後に隠されたあなたの潜在的「欲求」などを相手に伝えます。

　一方、力関係が相手よりあなたが弱い立場であれば、自分の感情や最優先事項を相手に率直に伝えることで、相手にあなたの「言い

分（立場）」について考えてもらうことができるかもしれません。

　いずれにしろ、相手側に自分の「言い分（立場）」を切り出す場合には、相手との信頼関係が築かれていることが前提条件となります。

　交渉時に、タイミングよく、適切な情報を提供できるか否かは、交渉相手との信頼関係や力関係や交渉の雰囲気（競合的か協調的かなど）などを的確に判断するあなた次第なのです。

◆「情報伝達」における「確固たる態度」

　「自分のことを言えば、自己主張が強いと相手に思われるのではないか」と思っている人は結構多いようです。

　大事なのは「どのように言うか」、つまり、言い方です。

　交渉の席での「情報伝達」では、「確固たる態度」（Assertive behavior）で相手に自分の「言い分（立場）」や「欲求」などを明確に伝えたいものです。

　「確固たる態度」とは、相手に配慮しつつ、相手の権利を侵さないような方法で自分の考えを率直かつ正直に表現しているときのあなたの態度です。それは、相手を無視して自分の権利だけ主張する「強引な態度」（Aggressive behavior）とは異なります。

　また、あなたが自分の考えや気持ちを、用心深く、相手から攻撃されないような言い方で伝えれば、あなたは自分の本当の考えや感情を伝えられず、結果的に、自分の権利を主張できない、あるいは、主張しても相手にされない態度、つまり、「自信がない態度」（Non-assertive behavior）を相手に示すだけです。

　もし約束に 30 分も遅れてきた相手が「遅刻しちゃってごめんね〜」と心から謝っている様子も見せずに言ったら、あなたはどうしますか。以下の反応のどれがあなたの「確固たる態度」でしょうか。

①何も言わない

②「30分も待たされて、私がどう思っているかわかる？」と言う

③「30分の遅刻だよね。どうしたの？」と言う

　ここでは相手の顔の表情や声のトーンはわかりませんが、文面だけで考えてみてください。

　人を30分も待たせたことについては相手に非があるのはたしかです。それなのに、黙って何も言わない①のような態度は、相手から見て「自信のない態度」となります。そんなあなたの態度を見て、相手は次回も平気で遅刻をしてくるかもしれません。

　30分も自分を待たせた相手にそのまま怒りをぶつけている②では、あなたは相手に「自己中な人」と映るでしょう。

　相手の30分もの遅刻は「問題である」ことを指摘しつつ、相手への気遣いも示しているという点で、③が「確固たる態度」となります。

（4）情報収集

　「情報伝達」は「自分が交渉にのぞむ理由」を相手に伝えることが第一の目的ですが、「情報収集」は「相手が交渉に臨む理由」を探り出すことが第一の目的です。

　相手の「言い分（立場）」や「欲求」、感情、価値観などに関する情報を得るためには、相手の心を開かせる（Opening）ことがポイントなので、相手の心を開かせるすべてのコミュニケーション行動は「情報収集」となります。

　具体的には、①相手が何を言っているのかを注意深く聴く（傾聴）、②相手の「言い分（立場）」、潜在的「欲求」（本音）、感情など

に関して質問をする。その際、批判的にならず客観的な態度をつらぬく、③自分自身の理解を深めるために、相手の発言を要約して自分の言葉で言い換えをするなどです。

　「攻撃すれば反撃を招く」という悪循環から抜け出すのにもっとも効果的なのがこれら3つの「情報収集」のコミュニケーション行動です。なぜなら、あなたが相手に対して「情報収集」をし続ければ、相手はあなたが「自分のことを無視していない」、「自分を理解しようとしている」と感じ始め、次第に攻撃的な態度を変え、閉ざしていた心を開き始めるからです。

　「情報収集」の際には、あなたには次のような姿勢が求められるでしょう。

傾聴する

・相手が話しているときには注意深く聴いている

質問をする

・相手にとって何が重要なのかを話すようにうながしている
・相手の欲求と感情を知るために、批判的でない質問をしている
・相手の考えや立場を自分が理解しているかを自分でチェックしている
・懸案事項について、相手の意見を探し出している

相手の言葉を言い換える

・言われたことを要約することで、相手の考えを自分が理解しているかどうかを確認している
・相手の立場を理解していることを伝えるため、同意する必要はないが、あなた自身の言葉で相手の考えや見方を正確に言い換えている

・「代替案」を提案する前に、相手にとって大事な潜在的「欲求」
　を見つけようとしている

◆留意点

　「すばらしい代替案を思いついた。よかった」と自分1人で満足
してしまってはいけません。その「代替案」が相手側の求めていた
ものでなければ、せっかくのアイデアであっても何の役にも立ちま
せん。そこで、「代替案」を出す前に、それが相手の求めているも
のかどうかを確認する必要があります。それを確認する場は交渉の
席です。

　まずは、交渉相手の言うことに注意深く耳を傾け（傾聴）、次に、
相手に質問をする、そして相手から聴いたことをあなたが要約して
言い換えることで、相手の最優先事項を探り、自分の用意したアイ
デアが「代替案」として出せるかどうかを見定めます。

　交渉の席であなたが「情報収集」をすることは、あなた自身の
「言い分（立場）」、潜在的「欲求」（本音）や価値観などを「考えな
い」ということでは決してなく、「情報伝達」をしながら「情報収
集」もチャンスを見ておこなうのです。

　このようにして、交渉当事者双方がお互いの「言い分（立場）」、
潜在的「欲求」（本音）、価値観などに耳を傾ける姿勢を示し合うこ
とがうまくいけば、双方の合意に向けて、交渉の局面は、たとえ
「競合的」であっても、「協調的」なものに変わっていきます。交渉
での2者間コミュニケーションで「傾聴」、「質問」、「言い換え」を
駆使することで、双方間の誤報や誤認、誤解などを減らすことがで
きれば、相互理解の質も高まるはずです。

◆情報収集と「傾聴」

　相手が話しているとき、あなたは次のようなことをしていないで

しょうか。

- ・興味がないときには夢想にふけっている
- ・相手の話をあなたが終わりにしている
- ・聴いていないのに聴いているふりをしている
- ・相手が話している最中に反論を考えている
- ・無関係なこと、たとえば、相手の服装、ヘアスタイルなどを考えている
- ・相手がまだ話しているのに、同意できたと思ったら、それから先の話を聴かない
- ・相手の話がつまらないと、心ここにあらずという状態になる
- ・「要点をもう一度説明してください」というような質問は話の腰を折ると思って遠慮し、わかっていないのに、わかったふりをしている
- ・話している相手の前でほかの作業（スマホを見る）など、別のことをしている
- ・相手の声、口調、手ぶりや身振り、話の速度などの非言語的なものが送るシグナルを無視している

　相手の話を「きく」ことは「相手が話すのを聴き手が受け止める受動的なもの」と、あなたは考えていませんか。日本語の「聞く」は「部屋の外の音が聞こえる」というように、まわりの音が自然に耳に入ってくるという状態であるのに対し、「聴く」は、あなたが音楽を「聴く」ときのように、主体的に耳を傾けている状態で、2つは微妙に異なっているのです。
　主体的に耳を傾けて「傾聴」（Active listening）をすることは多くの人々の心を開かせることのできる大事なコミュニケーション行動なのです。

　「傾聴」をしながら相手に自分の理解を伝えるのは、あなたの非言語的な動作（うなずき、目線や体の動き、相づちなど）です。たとえば、「なるほど」、「そうですか」、「そう、そう」というような相づちを入れながら相手の話を「傾聴」し続けたら、相手はそんなあなたをどう受け止めるでしょうか。「この人は自分を懸命に理解しようとしている」、「自分の味方なのかもしれない」と感じ始めれば、相手は警戒心を解き、「実は、○○なのです」などと、あなたが知りたかったことを話し出すかもしれません。

　相手が重い口を開いたら、「あなたが○○と感じていたのはどうしてか、その理由を話してくれませんか」というような「質問」、あるいは、「○○だったのですか。大変でしたね」などの表現で、あなたが「言い換え」をします。

　タイミングよく「質問」や「言い換え」ができたとき、あなたは相手からさらに詳しい情報を得ることができるでしょう。

　「お願いです。私にあなたの本音を教えてください」とあなたがいくら頼んでも、相手は本音を明かさないものです。しかし、たとえば、「あなたはあの人が苦手だったのですね」と、相手の心の中に一歩踏み込んだ「言い換え」をあなたがすることにより、「違います。私は人から命令されることがとても嫌なのです」などと、相手がポロッと本音を漏らすことがあるのです。

　このように、「情報収集」は相手の最優先の「欲求」（本音）を引き出すのに有効なコミュニケーション行動ではありますが、タイミングが悪いと、あなたの「情報収集」で気分を損ねて、「人の話をよく聞け！」などと反発してくる人もいます。ですから、「質問」や「言い換え」は、相手をよく見ながら、タイミングを見計らって、おこなわなければなりません。

　そのためにも、日頃から意識して、「傾聴」、「質問」や「言い換

え」の練習をしましょう。あなたの「情報収集」のトレーニングの相手は、あなたの友人や家族など、あなたのまわりにいる人々です。相手があなたに話しかけたときには、意識して「傾聴」をする、「質問」や「言い換え」をするように心がけましょう。

　なお、「情報収集」の3つのコミュニケーション行動で、あなたが自分の判断を入れることはほとんどありません。「情報収集」では、あくまで客観的な態度で、相手のメッセージの事実だけをとらえます。

（5）歩みより

　友好的な雰囲気づくりをする、そして双方の共通の考えやアイデア、あるいは、価値観などを確認するのが「歩みより」のコミュニケーション行動です。それらは次の4つです。

①友好関係を築く

　交渉が始まったら、お互いの関係をスムーズにすることに時間をかけるのは交渉に見られる一般的な風景です。たとえば、「こんにちは。はじめまして、私は……」というような短いあいさつから、天候やスポーツなどの共通の話題で盛り上がることもあるでしょう。

　また、自分と異なる相手の社会的習慣による儀礼や礼儀を守り、相手へ尊敬の念を示すことも「歩みより」の行動です。こうした礼儀正しさは信用と信頼感を高め、交渉の雰囲気づくりにも一役買うはずです。

②共通点に焦点を当てる

　交渉の達人は相手との共通点を見つけ、それをうまく利用することに長けています。双方に共通する価値観や視点、見方などがあれ

ば、それらを強調することで交渉の緊張感を緩和できる、また、す
べて異なると思わず、同意できる点を示すことでお互いに歩みよる
ことが可能になると、彼らは考えるのです。つまり、「共通の基盤」
づくりが上手なのです。

　交渉者たちが疲れているような場合には、とくに双方の共通点や
すでに解決済みの案件を思い出すことによって、目の前のテーブル
の上の懸案事項の解決に必要なエネルギーを双方があらたに補充で
きることもあります。

　「情報伝達」や「情報収集」による情報交換でそれぞれの潜在的
「欲求」を見つけ出し、その中に共通点（たとえば、学校、学部、サ
ークルなどが同じ、趣味は同じで山登りなど）があれば、それらを双
方の「共通の基盤」として、問題解決への足掛かりにすることも
できます。双方がお互いの「言い分（立場）」を主張している限り、
このような共通点、共通の基盤は見えてきません。

③問題の見直し

　「どうしたら双方にとって最優先の欲求を満たすことができるだ
ろうか」、「対立しているのは『われわれ VS 問題』であり『私 VS
あなた』ではない」というような観点に立って、双方の問題を再構
築し、争点（対立点）を見直すことは重要な「協調的交渉」のスキ
ル（技術）です。

　双方の意見が激しく対立し、しかも、争点（対立点）が複数ある
複雑な問題では、最初にどの争点から取り掛かるかが大事なポイン
トとなるでしょう。状況により解決方法は異なりますが、もっとも
激しく対立している争点を見極め、きちんと「問題の見直し」がで
きなければ、当事者双方の真の問題解決や合意は導き出せません。

　「問題の見直し」ができたということは、当事者双方がブレー
ン・ストーミング（Brain storming, 問題解決となるアイデアを、各自

がまるで頭の中に嵐を起こすかのように激しく頭を働かせて検討し合うこと）をおこなったということで、双方の最優先の「欲求」（本音、最優先事項）を満足させるためのアイデアを交渉者双方で示し合ったことにほかなりません。

④解決策の提示をする

　ブレーン・ストーミングでは、交渉者たちが双方の最優先事項を見ながら、それぞれを満足させる「代替案」となるアイデアを考えているのです。もしあなたが相手を満足させる「代替案」を見つければ、あなたは交渉相手との間にさらなる「共通の基盤」を築くことに成功したことになります。

　これら4つの「歩みより」のコミュニケーション行動を成功させるには、次のような態度を取ることが大事です。

・合意していない点について、「協調的」な問題解決法を模索する
・相手を歓迎する
・相手が快適で、気楽になれるように適切な歓待をする
・すでに同意している点と「共通の基盤」を探し、そこから交渉の土台を築く
・双方による問題解決をうながす雰囲気づくりのために、「われわれは○○できるかもしれない」、あるいは、「もし○○だったら、どうでしょう」といった表現を使う
・（服装や名前の呼び方などを）フォーマルにするか、カジュアルにするかなどで、相手の好みに合わせる
・一緒に働きかければ解決できる問題であるという考えを示す
・相手の潜在的「欲求」（本音）に対しては配慮、敬意を示す

・協力して資源を共有しながら一緒に働くことを提案する

・アドバイザーとしてよりも、調停者のように振る舞う

・相手が示した潜在的「欲求」（本音）を満たすような「代替案」を出す

---

2 ┃ 「協調的交渉」で使う3つのコミュニケーション行動

「競合的交渉」では、「攻撃」や自己主張のための「情報伝達」と、話題を変える、問題解決の一時棚上げをするなどの「回避」

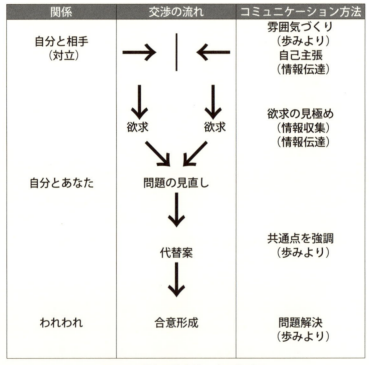

関係	交渉の流れ	コミュニケーション方法
自分と相手 （対立）	→ │ ←	雰囲気づくり （歩みより） 自己主張 （情報伝達）
	↓　　↓ 欲求　　欲求 ↘　↙	欲求の見極め （情報収集） （情報伝達）
自分とあなた	問題の見直し ↓	
	代替案 ↓	共通点を強調 （歩みより）
われわれ	合意形成	問題解決 （歩みより）

図 5-1 「協調的交渉」を図解する

（先送り）などのコミュニケーション行動がよく見られます。

　一方、「協調的交渉」では、「情報伝達」、「情報収集」、「歩みより」の3つのコミュニケーション行動を交渉者たちが目的に応じて使い分けます。「協調的交渉」の段階的な流れと3つのコミュニケーション行動の関係を示しているのが図5-1です。

　図5-1は、交渉開始時には「自分 VS 相手」と対立していた交渉者たちの態度が、交渉が進むにつれて「自分 VS あなた」へと次第に変化し、最後には「われわれ」の関係へと変わることも示しています。

　このように、交渉者たちの態度に変化が起こるのは、3つのコミュニケーション行動を駆使した2者間の相互コミュニケーションがうまく機能し、2者間に信頼関係が生まれ、相互理解が深まるからです。

　「協調的交渉」に不可欠な3つのコミュニケーション行動を実際の交渉の席でどのように使うのかを、第4章に登場した塾アルバイトのMさんたちの事例を使って、次に見てみましょう。

3 ｜ 事例で見る「協調的交渉」でのコミュニケーション

(1)「協調的交渉」のステップ

　「協調的交渉」では、Mさんたちの話し合いは段階的に4つのステップを踏んで進みました。

ステップ１：友好的な雰囲気づくりをする

　ここでは、交渉者たちが交渉に入る前にあいさつなどを交わし、お互いの緊張を和らげ、友好的な雰囲気づくりをします（**「歩みより」のコミュニケーション行動**）。

> **Mさん：**「こんにちは、Mです。同じ塾で講師のバイトをしているのに、これまで全員で顔を合わせることもありませんでしたね。せっかくの機会ですので、あらためて全員の自己紹介をしたいと思いますが、いかがでしょうか。」（**歩みより**）
>
> **その他大勢：**「OKです。」（**歩みより**）

　Mさんが自己紹介をしたあと、集まった8人の講師仲間もそれぞれ自己紹介をしました。

　交渉の場の雰囲気が友好的になったところで、いよいよ交渉の開始です。

ステップⅡ：争点を明確にする

＊ここでおこなう争点の明確化（見極め）は、状況によってはかなり時間がかかる場合があります。

①双方が「言い分（立場）」を明確にする（「情報伝達」のコミュニケーション行動）

　Mさんが自分の「言い分（立場）」を柔軟な態度で伝えています。

> **Mさん：**「学習指導以外に僕らは教室をよくしたいと考えています。」（**情報伝達**）

次に、Nさんが自分たちの「言い分（立場）」を柔軟な態度でMさんたちに伝えます。

> **Nさん**：「僕らは学習指導だけすればいいのではないかという意見を持っています。」**（情報伝達）**

②双方が「欲求」を明らかにする（「情報伝達」と「情報収集」のコミュニケーション行動）

Nさんが Mさんの潜在的「欲求」を探り出しています。**（「質問」と「言い換え」で）**

> **Nさん**：「教室をよくすると言われましたが、具体的にどういうことなのか、みんなに説明してくれませんか。」**（質問）**
>
> **Mさん**：「今考えているのは、授業の前後に生徒たちと交流する時間を作れば、教室の雰囲気も変わるだろうということです。」**（情報伝達）**
>
> **Nさん**：「生徒たちとの交流ですか。たとえば、どんなことをするのですか。」**（言い換えと質問）**
>
> **Mさん**：「月に1回、誕生会を企画してはどうかと思っています。生徒との交流が深まれば、生徒もやる気が出て、僕ら講師も教えやすくなるはずです。」**（情報伝達）**
>
> **Nさん**：「生徒たちともっと関わりたいのですね。それ以外にも何か理由があったりしますか。たとえば、Mさんは学習指導だけでは物足りないとか。」**（言い換えと質問）**
>
> **Mさん**：「そうかもしれません。ただ言われたとおりに学

習指導をするだけでは物足りないのです。教室を
よくすることはやりがいがあるし、社会人になっ
たときにも役立つと思うので、やってみたいので
す。」（**情報伝達**）

Ｎさん：「Ｍさんたちは自分のやりがいを求めているのです
ね。そこですよ。僕たちと考えが違うのは。」（**言い
換えと情報伝達**）

　次に、ＭさんがＮさんたちの潜在的「欲求」を探り出し、それ
をＮさんへ伝えます。（**「質問」**と**「言い換え」**で）

Ｍさん：「今、君たちは『違う』と言いましたが、何が僕ら
と違うのか、教えてくれませんか。」（**言い換えと質
問**）

Ｎさん：「いくつかあります。僕たちはアルバイトにすぎな
いから余計なことはしないほうがいいと思っていま
す。そこが君たちとは違います。」（**情報伝達**）

Ｍさん：「アルバイトだから授業以外のことは何もしないほ
うがいいということですね。どうしてそう思うの
ですか。」（**言い換えと質問**）

Ｎさん：「何かやったからと言って、アルバイト講師の給料
が上がるわけではないでしょう。それに、教室の運
営って、つまり、宣伝活動になるじゃないですか。
そこまでアルバイトでやる必要があるとは思いませ
ん。」（**情報伝達**）

Ｍさん：「僕たちのやろうとしていることが宣伝活動に関わ
るとは思ってもいませんでしたが、君たちは、そ
う思っていたのですね。また、僕たちは安い給料

で使われているアルバイトにすぎず、言われたこと以外はやる必要はないということなのですね。」
（情報伝達と言い換え）

Ｎさん：「まあ、そういうことです。」**（情報伝達）**

　ここまでＭさんとＮさんが話し合った結果、双方の「言い分」とその下にある潜在的「欲求」がはっきりしてきました。

> ## ステップⅢ：問題を見直し、最優先事項を絞り込む

　次に、対立している双方間の意見の焦点を、自分たちの主張する「言い分」からそれぞれの一番大事な「欲求」（最優先事項、本音）に移行させます。そのうえで、双方のいずれかが歩みより、「双方の最優先事項を満足させるにはどうすればいいか」という問いかけで「問題の見直し」をします。

　ここまで明らかになったことを踏まえ、それぞれの最優先事項は何かと、Ｍさんは考えてみました。

自分の最優先事項：
　学習指導以外にもやりがいのあることをしたい
相手の最優先事項：
　アルバイトにすぎないのだから余計なことはしたくない

　そして、Ｍさんは次のようにＮさんに問いかけてみました。

　　Ｍさん：「僕らは学習指導以外にも教室をよくする活動をし

たいと思っている。君たちはアルバイトにすぎな
いので余計なことはしたくないと思っている。そ
うですよね。」**(「問題の見直し」)**

Nさん：「そう、余計なことはしたくないけど、給料を上げ
てくれるというなら、話は別かも。」**(情報伝達)**

ステップⅣ：代替案を提示し、双方が合意する

　ここは、Mさんの「問題の見直し」による問いかけの答えとな
るアイデアを双方で模索し、問題解決となる「代替案」を導き出す
場面です。

　Nさんの最後の一言、「給料を上げてくれるなら話は別」を聴い
たとき、Mさんは「自分たちの活動で生徒数が増えたら特別手当
を出してもらえないか、塾側に掛け合う」という自分が考えたアイ
デアが「代替案」として相手側に出せそうだと思いました。

　そこでMさんは、そのアイデアを「代替案」として相手側に提
示したところ、双方の話が思いがけない方向に展開して、双方は合
意に至りました。

Mさん：「僕らもただ働きはしたくないです。もし活動の結
果、生徒数が増えたら、その分特別手当をもらえ
ないか、塾側に掛け合ってみるのはどうだろう。」
(情報伝達)

Nさん：「ダメモトでやってみる価値はあるかもしれない。
Mさんが先方と交渉してくれるなら、僕らも応援
はしますよ。」**(情報伝達)**

Mさん：「本当に？」**(言い換え)**

Nさん：「その代わり、教室をよくするための活動、たとえ

　　　　　　ば、誕生会などの企画は M さんが主導してくださ
　　　　　　いよ。」**（情報伝達）**

M さん：「みんなが賛成してくれるような企画を考えます。
　　　　　　企画案を作って先方と交渉してみますよ。」**（情報伝
　　　　　　達）**

N さん：「うまくいくといいですね。よろしくお願いしま
　　　　　　す。」**（歩みより）**

　このようにして、M さんと N さんたちは最後に合意することが
できました。ここまでが、「協調的交渉」の全体の流れを示した 1
つのモデルです。

（2）交渉のやり直しもある

　先にも説明したように、「協調的交渉」の事前準備では、相手に
出す「代替案」となるアイデアをいくつか用意しておきますが、そ
れはあなたが推測した相手の最優先事項に基づいて、あなたが「相
手はこれで満足するだろう」と考えたアイデアにすぎないのです。
　相手のこと、とくに相手の「言い分（立場）」の下に隠された
「欲求」は事前の「交渉の諸要素」の分析ではよくわからないこと
が多いのです。しかも、よくわからない相手の「欲求」を探り、最
優先事項を絞り込み、それを満たして「代替案」となるアイデアを
あなたは自分で考え、それらを事前に分析表に書き込むわけです。
　M さんには N さんの「言い分（立場）」がある程度はわかってい
ましたが、N さんたちが「教室の運営」に関わることになぜ反対し
ているのか、その理由はよくわかっていませんでした。その理由が
「宣伝活動に関わることはやりたくない」、「収入にならないことは
やりたくない」ためだと M さんが知ったのは、N さんたちとの交

渉の席でした。

　交渉の席で、もし相手の「欲求」、とくに相手の最優先の「欲求」があなたの推測とは異なっていることがわかったら、事前準備であなたが用意しておいたアイデアを「代替案」として相手側に示すことはできないでしょう。

　「代替案」は相手が認めなければ「代替案」とはなりえないこと、しかも、双方の最優先の「欲求」を満たすものでなければならないことは先に説明したとおりです。

　自分の用意した「代替案」が相手を満足させられそうもないときには、仕切り直しをして、あらたなアイデアを再検討するための交渉の一時保留（これは肯定的な「先送り」です）が必要です。交渉のやり直しをあなたが提案するのは、そのような場合です。次回の交渉で、あなたのあらたなアイデアを「代替案」として相手側へ出すための作戦会議をするためです。

　というわけで、交渉の席についたら、自分の推測した相手の一番大事な欲求、つまり、最優先事項が間違っていないかどうかを相手にかならず確認する。これは「協調的交渉」の鉄則です。しかし、多くの人が、その確認をせずに、自分の用意したアイデアを「代替案」として簡単に出してしまうのです。

　交渉の開始後、相手の「言い分」がわかるとすぐ、相手の最優先事項の確認をしないまま、一方の側が「相手はこれで満足するはずだ」とあらかじめ用意しておいたアイデアを示し、相手側も（なぜか）言われるままにその提案を受け入れ、双方で合意をしてしまうことが交渉ではしばしば見られます。

　その結果、合意後に解決済みだったはずの問題が再燃するのです。相手の最優先事項が満たされないまま双方で合意をしてしまうので、「自分の最優先事項が満たされていない」という不満が合意後に噴出するのです。そのために、クレーム処理などもその１つですが、

交渉をもう一度やり直すことになるわけです。

　「協調的交渉」では、お互いの「言い分（立場）」と「欲求」の見極め（争点の明確化）、そして、双方でそれぞれ異なる大事な「欲求」をあらたに1つのものにまとめる「統合」──これらの作業を何回も繰り返すサイクルがよく見られます。とくに双方間に信頼関係がない場合、相手の最優先の「欲求」（最優先事項、本音）の見極めに時間を要するからです。

　双方の話し合いで論点の「明確化」がきちんとされなければ、双方の考えの「統合」もうまくいかず、双方による最終合意にも至りません。そのため、交渉での論点の見極め（明確化）が何回も繰り返されるのです。

　60頁の図4-3の「協調的交渉」の段階的流れをもう一度見てください。ステップⅣの左側から伸びてステップⅠに至る→ですが、この→は、交渉のやり直しがよくあることを示しているのです。

　交渉のやり直しも含め、「協調的交渉」で双方が納得できる相互満足（Win/Win）となる合意を導くまでには、同じ相手との「協調的交渉」が何度も繰り返され、場合によっては、1週間、1カ月、あるいは、それ以上の日数がかかることもあります。

　このように、「協調的交渉」での問題解決は多大な時間と労力を要することもありますが、こうしたプロセスを経て築いた相手との信頼関係は盤石なものになります。一度合意に達した相手との次の交渉は、あなたにとって、恐らく、かなり楽なものになっているでしょう。

コラム

幕末の交渉の裏方たち

　黒船来航（1853 年）で開国を余儀なくされた徳川幕府は 1854 年に日米和親条約を締結し、200 年あまりの鎖国体制が終焉しました。その後、幕府は次々と日英、日露、日蘭和親条約を締結しますが、交渉の席には「通詞」と呼ばれた通訳者がいました。

　黒船ペリー艦隊に初めて接触した日本人はオランダ語通訳の堀達之助。幕府の世襲役人「通詞」の家に生まれた堀は、米国の捕鯨船員から日本で初めて英語を学んだ人です。黒船来航時には浦賀奉行所の中島三郎助とともに交渉を担当。その際に、"I can speak Dutch!"（私はオランダ語を話せる）と叫んだ堀はアメリカ側通訳のオランダ人を介し、オランダ語で交渉をおこなったそうです。

　もう 1 人はジョン万次郎。土佐の貧しい漁師の家に生まれた万次郎は 14 歳のとき、海で遭難したところを米国の捕鯨船に助けられ、アメリカで教育を受け、1851 年に日本に戻りました。この万次郎を、幕府は江戸に召いて直参の旗本の身分を与えます。

　スパイ疑惑の疑いをかけられ、ペリーとの交渉の通訳はできなかった万次郎ですが、条約締結への助言や進言で幕府に尽力しました。1860 年、遣米使節団の 1 人として咸臨丸で渡米した万次郎は使節の通訳として活躍。帰国後も、米国で学んだ英語・数学・測量・航海術・造船技術などの知識を買われて、各方面で大活躍しました。

　幕末には日本語が話せる外国人通訳もいました。アーネスト・サトウが 1862 年に横浜の英国公使館に着任したとき、日本では尊王攘夷運動の高まりで在留外国人と日本人の間に衝突が起こっていました。サトウは生麦事件と第二次東禅寺事件に関する幕府との交渉に関わりますが、決裂して薩英戦争が勃発。長州との間に起きた下関戦争の講和交渉でも、高杉晋作を相手に通訳を務めています。その後は英国公使パークスに随行し、勝海舟や西郷隆盛ら、のちの新政府の要人たちとの会談や交渉の機会を多く持ちました。

　多くの幕末の交渉では、相手の言語→オランダ語→日本語と訳されたはず。その間、誤報や誤解はなかったのでしょうか。

第6章

「協調的交渉」がうまくいかない場合

本章では、これまで見てきた「協調的交渉」を実現させるうえで障害となる要素を取り上げます。「怒り」、「力（パワー）」、「コミュニケーション問題」、「文化の違い」について、それぞれを解説するとともに、それらを解決する方法を考えます。

1 「怒り」のコントロール

　解決が必要ななんらかのトラブルが生じたとき、「協調的交渉」に向けた事前準備をおこなう時間や心のゆとりがあればいいのですが、問題はえてして何の前触れもなく突然起こり、ただちに対処に当たらなければならないことが多いものです。

予期せぬことが起こると、人は動揺し、戸惑い、不安になって自分の感情をコントロールできなくなります。その結果、「怒り」を爆発させてしまうのです。つまり、問題発生→「怒り」→「怒りの増幅」→「武力行使」のような破壊的な事態を引き起こしてしまうのです。

ここでは、こうした破壊的悪循環を防ぐための、「怒り」のコントロールについて考えてみましょう。

(1) 人はなぜ怒るのか

あらゆる種類のストレスは副腎皮質に働きかけて精神を緊張させ、人を怒りっぽくさせます。ですから、日頃はおとなしい人でも、疲れて気分がイライラしているとき、何か面白くないことがあるときなどには「怒り」を爆発させてしまいがちです。

問題解決のためには、相手や自分の状態や感情もふまえて、交渉をいつ、どこでおこなうかという、場の設定も大事なのです。

ケース1　自転車旅行中に起こったけんか

大学自転車部のEさんとFさんは、2人で自転車旅行に行きました。行程が終盤に差しかかると、2人はすっかり疲れ切っていました。それでもEさんは、最初のプランを完遂しようと主張し、Fさんは、プランを変更して残りの旅行をゆっくり楽しもうと主張し、意見が分かれてしまいました。

主張は平行線をたどり、2人は、けんか別れをしてしまいました。結局、Fさんは、その後、自転車部を退部し、Eさんは友達を1人失ってしまいました。

自転車旅行の終盤、これから先のプランを「変更する」、「変更し

ない」でEさんとFさんが言い争ったとき、2人の体力は限界に達していたにちがいありません。しかも、その話し合いが真夏の暑い日の路上でおこなわれていたとしたら、どうでしょうか。疲れとストレスによって、どちらかがイライラして、突然怒鳴り出してしまったかもしれません。

　そうなってしまうと、双方ともに、自分の感情をコントロールできなくなり、その結果、「交渉の雰囲気」は、一気に「競合的」なものになってしまうでしょう。「残りの行程」を決めることは2人にとっては重要な問題です。このような大事な問題について話し合うのなら、2人がもう少し元気で、ゆったりとした気分で自転車旅行を楽しんでいた早い段階に、静かで落ち着ける冷房の効いた店で、アイスコーヒーでも飲みながら話し合っていれば、けんか別れをすることはなかったかもしれません。

（2）認められなければ人は怒る

　とくにイライラしていなくても、いくら交渉の場が快適だったとしても、人は怒ります。たとえば、親切にしてあげたのに、相手がそれを「当然だ」という態度で受け取り、感謝の一言もなかったというような場合、あなたはどう思うでしょうか。

　あなたにとって、それは想定外の事態ではないでしょうか。相手が怒る理由がよくわからなければ、あなたはストレスを感じ、「なぜだ」と考え始めます。そして、「非常識な人だ」、「無神経な人だ」などの評価をあなたは相手に下すかもしれません。人は、自分が期待していた評価が得られないと、相手に失望し、「悔しい」というようなネガティブな感情を抱くものです。

　「評価されたい」、「認められたい」という「欲求」は、先に紹介した、人間なら誰にでもある基本的欲求の1つ、「承認の欲求」で

す。この欲求が満たされないと、プライドが傷つけられ、「悔しい」、「悲しい」、「失礼だ」などという感情がわたしたちの心の中に生まれ、その感情が相手に対する「怒り」へと変わり、外に向かうのです。

　「怒り」は人間の原始的な感情の1つであり、「第二の感情」と呼ぶ人もいます。なぜなら、「怒り」の発生の下にはさまざまな感情があるからです。人間の感情は「欲求」と深い関係があり、「欲求」が満たされたか否かが「ある感情」を引き起こし、「怒り」の爆発となるのです。

(3)「怒り」と葛藤（ストレス）

　一般に、「怒り」は「悪いこと」、「甘え」、「破壊的行為」などのように、否定的にとらえられます。そのため、「怒り」を直視しようとせず、感情を抑え込み、回避しようとする人が多いようです。「怒り」をコントロールするためには、そうではなく、その本質を見極める必要があるのです。次の事例を見てみましょう。

･･････ ケース2　就活で親と対立したYさんの悩み ･･････

　内定をもらったYさんは早々に就活を切り上げ、学生生活をエンジョイするつもりでした。しかし、親は「一生のことなので、もっといろいろな企業を見たほうがいい」と反対しました。そこで、Yさんはまだ選考の残っている企業の面接を受けたうえで、最終的に就職先を決めることにしました。
　親は納得したようですが、Yさんは「就活以外にも学生のうちにやりたいことがあったのに」と後悔しています。

　「内定先に就職したい」Yさんと「ほかの企業も見たほうがいい」

親。双方の「言い分（立場）」が相容れなかったとき、Y さんは「早めに就活を切り上げて、大学生活をエンジョイしたい」という自分の「欲求」を隠して、「内定先に就職したい」ことだけを親に伝えたのです。

　なぜ、「自分にはほかにやりたいことがあるので就活は早めに切り上げたい」と Y さんは親に言えなかったのでしょうか。そのことを親に言えば、「自分は親の期待を裏切るのではないか」と Y さんは思ったのです。そして、「自分の人生は自分で決めるべきか」と「親の期待に応えるべきか」で、Y さんは心の中に問題（葛藤、内的コンフリクト）を抱えていたのです。

葛藤の 3 類型

　人の心の中に葛藤が生じている状況を、心理学者たちは次の 3 つに分類しています。

①2 つの好ましいことのうち、いずれか 1 つを選ばなければならない（例：就職試験に受かった A 社と B 社、どちらも魅力的で迷っている）

②2 つの好ましくないことのうち、いずれか 1 つを選ばなければならない（例：親の望む見合いをするか、家を出て自活するか。できればどちらも避けたい）

③好ましいことと、好ましくないことの 2 つの間で、どちらを選ぶか迷っている（例：ステーキは食べたいが、体脂肪が増えるのは困る）

　ドイツの心理学者レヴィン（Kurt Lewin）は、これらの状況を「誘発性」という言葉を使って、次のように説明しています。

　人はなんらかの決断を下すとき、「選択する」、もしくは「回避し

たい」と考えます。選択する場合は正の「誘発性」が、回避する場合には負の「誘発性」が生じ、この「誘発性」に矛盾が生じると、「どちらにしようか」と悩み、葛藤が生じるのです。

「欲求」、「恐れ」や「不安」などの度合いが強ければ強いほど、葛藤のせめぎ合いも激しくなります。「ダイエット中にステーキを食べたら体脂肪が増えて、医者からも注意された」というような過去の苦い経験も、葛藤のせめぎ合いの度合いを強めることになるでしょう。

レヴィンによると、人は自分の「欲求」の充足（≒目的達成）か「欲求」の断念（≒回避）によって葛藤をなんとか解消して、安定した平衡状態を回復しようとするそうです。

Yさんの場合、自分の「欲求」（「大学生活をもっと楽しみたい」）をあきらめることで、自分の葛藤からも、親との言い争いからも一時的に解放されたようです。

この件で、もしYさんが「譲歩」や「妥協」をして自分の「欲求」をあきらめたのであれば、Yさんの満たされなかった「欲求」が引き金となって、いつしか自身の精神的破綻を招き、相手（Yさんの場合は親）に対する「怒り」を爆発させてしまうかもしれません。そうなれば、決着をつけたつもりの親子間の問題が再燃し、親子関係も壊れてしまう恐れも出てきます。

(4)「怒り」の前向きな対処法

ひとたび、相手が「怒り」の感情を向けてくると、人は冷静な判断をすることが難しくなり、トラブルをともかく回避しようと、自分の感情を抑え込もうとします。

自身も相手に「怒り」を感じているのに、その感情を抑え込めばストレスがたまってしまいます。極端な場合、それが原因で病気に

なり、精神的におかしくなってしまうこともあります。

　また、怒っている相手に、「何でそんなに怒るの！　みっともないから怒るのをやめなさい！」と非難している人をよく見かけます。

　いずれの場合も、「怒り」を否定的にとらえて、悪者扱いにしているのでしょう。

　怒りに怒りで対処するのは火に油を注ぐようなものです。怒っている相手を糾弾すると、相手は、「非難された」、「自分は理解されていない」などとネガティブ思考を強くして、そのあとは報復を考えることしかできなくなります。相手の「怒り」はますます大きくなるだけです。

　また、人から「怒り」をぶつけられると、自らを守ろうとして、「自分は正しく、間違っているのは相手」だと主張し、相手に非を認めさせようとする人もいますが、それでは相互満足（Win/Win）となる解決は遠ざかるだけです。

　「協調的交渉」で問題解決を目指すのであれば、自分自身の「怒り」はもちろん、相手の「怒り」についても、当事者たちが責任を取らなければなりません。

　ガソリンは、マッチを擦って火をつけると爆発して危険ですが、車のタンクに入れれば車を走らせることができます。2者間コミュニケーションでも、大きなエネルギーに満ちた「怒り」をうまく処理することが必要なのです。そのために必要なのは、激怒にいたる前に「怒り」の感情をコントロールして、肯定的なものに転換させることです。

　突発的に生じる「怒り」であっても、客観的にみつめてみれば、それが人の心の中の「満たされていない『欲求』と結びついたものである」と分析できるでしょう。このように、「怒り」を冷静に扱うことで、「怒り」によって生じる不快な気分からあなたは自らを解放することができるはずです。

(5) 怒りの原因を見極める

「欲求」が満たされれば、人はポジティブな感情を持ち、気分もよくなり、建設的で前向きな行動を取るのに対し、「欲求」が満たされなければ、人はネガティブな感情を持ち、気分が悪くなり、破壊的でうしろ向きの行動を取ってしまいがちです。

ですから、できるだけ早いタイミングで、「怒り」が表出する前に、気分を静めて、「怒り」の発端となった理由（≒満たされていない「欲求」）を見極めることです。それができれば、「怒り」を完全にコントロールすることも不可能ではないはずです。

具体的には、自分と相手の間にある問題を冷静にみつめ、双方の心の中の「痛み」や「恐れ」などの感情を明らかにします。そうすれば、それらの否定的な感情が生まれる原因となった「欲求」は何かを探り出すことができるのです。

怒っている人の主張に耳を傾けるのは簡単なことではないかもしれませんが、「協調的交渉」で問題を解決しようと思うのであれば、この方法しかありません。

(6) 相手の話を聴く

もしあなたが「傾聴」し続ければどうでしょう。「この人は自分の味方かもしれない」と思い始めた相手の態度は次第に変わり、相手の「怒り」もトーンダウンするはずです。

こうして、相手の「怒り」が完全に収まったときに、あなたは「情報収集」のコミュニケーション行動で相手の満たされていない「欲求」を見極めることができるはずです。

一方、あなたが相手に怒りを感じたときには、その感情を爆発さ

せることも、抑え込むことも避けなければなりません。このような態度では、相互満足（Win/Win）となる結果は得られません。

　そうではなく、何が原因で自分は怒っているのかを見極め、相手に「自分が怒っている事実」を冷静な態度で説明するのです。それができれば、あなたは交渉で相手と冷静に話し合うことができるはずです。

　多くの問題は、予期せぬとき、自転車旅行の2人のように突然に起こるものです。そんなときも、冷静に、「怒り」の原因となっている相手、あるいは、自分の満たされていない「欲求」を見極めるために、当事者同士が落ち着いて話せる場の設定をするなどの対応が必要です。

　話の内容が複雑であればあるほど、重要であればあるほど、こうした対応が重要になってくるのです。そのほうが、「協調的」な話し合いが進み、双方の誤解や誤認も減って、当事者たちが感情をコントロールできるからです。

　ただし、いくら頑張っても「怒り」をコントロールできず、問題解決のための2者間での話し合いが不可能なこともあるでしょう。そのときには、第三者の介入を頼むか、「別な機会にゆっくり話をしませんか」と提案をして、問題解決の「先送り（回避）」を相手に申し出るなどの柔軟な対応が必要となります。

　このような「先送り（回避）」は問題解決から逃げているわけではなく、肯定的なものです。交渉を前向きに進めるための先送りであることをしっかり説明すれば、相手もあなたの提案を受け入れるでしょう。それでもダメな場合には、第三者の介入に頼るほかありません。

2 相手の「力^{パワー}」に押し切られる

　「パワハラ」という言葉を最近よく耳にします。あなたは父親と母親、兄と弟、先生と生徒、あるいは、先輩と後輩などを、「どちらが上か、どちらに力^{パワー}があるか」と考えることはありませんか。

　こうした「力^{パワー}」による「力の差」が交渉を左右することがよくあります。次の事例もその1つでしょう。

> ·········· **ケース3　文化祭の出し物に難色を示した大学側** ··········
>
> 　文化祭の出し物として、あるパフォーマンスを企画したTさんたちに対し、「構内で激しい動きのある出し物をすると観客にぶつかり、ケガをさせるなどの危険があるから」との理由で教員側が反対したため、せっかくの出し物は中止となった。

　大学側が「危険である」との理由で学生たちが企画したパフォーマンスに難色を示したとき、企画担当のTさんは「パフォーマンスの動きには十分な注意を払い、ケガ防止のためにマットを用意する」といったアイデアを出して大学側に掛け合ったものの、大学側はそれを「代替案」とは認めず、結局、この出し物は中止となってしまいました。

　そのとき、Tさんたちは相手側（大学側）の「力^{パワー}」を強く感じ、学生である自分たちの「非力」を感じたはずです。

　トラブルや争い事の場面では、「強制的に他を支配する力^{パワー}」と「非力」というような2つの「力^{パワー}」を人はよく感じます。

　しかも、他を支配する「力を持っている」と思う人たちは、自分たちの特権や利権を守るために、その「力^{パワー}」の集中と拡大に躍起となるものです。

(1)「力(パワー)」とは何か

　「競合的交渉」では、交渉者たちが「力(パワー)」を 1 つの戦略としてよく使います。なぜなら、彼らは「力(パワー)」を「絶大なるもの」であり、支配したり、強制したりするのに「有利なものである」と考えているからです。

　地位、富、身体的強靭さ、武器、健康、知能、組織力、情報力などが「力(パワー)」と見なされますが、それは一体何なのかを考えてみましょう。

　端的にいえば、「力(パワー)」とは、「個人が持つ固有のものではなく、個人と周囲との関係において、相対的に生じるもの」にすぎません。

　2011 年、アメリカのニューヨークで起きた同時多発テロの例を考えてみましょう。ワールドトレードセンターが標的になったのは、それが「権力」の象徴だったからです。その建造物を破壊したかったのではなく、アメリカの権力の象徴としての「力(パワー)」を破壊したかった人々がいたのです。

　戦国時代のお城の天守閣、社長室の立派な机や椅子、国会議員の議員バッジなども、「権力の象徴」として、その「力(パワー)」を誇示するために作られたものにすぎないのです。

　先に紹介したドイチ博士は、「力とは個人と周囲との間の相互作用である」と定義しています。

　人は、自らの目標を達成するために、自分の力の誇示に役立つと思うさまざまな資源（人材も含む）を確保して、「自分の影響力」を周囲や相手に行使しようと考えるものです。

(2) 連携によって生み出される「力」^{パワー}

　自分たちは「非力」だからとすぐにあきらめないで、もしＴさんたちが「ほかの人たちにも協力を頼んでみよう」と考えて、まわりにいる人々に働きかけていたら、大勢のサポーターたちが集まったかもしれません。そうなれば、集まってくれたサポーターはＴさんたちにとっての大事な資源となるはずです。

　そのようにして、Ｔさんたちが自分たちの力になる資源を確保できれば、困難に思えた問題の解決のための強力な「力」を手に入れ、大学側とも対等に話し合いができたかもしれません。

　先日、アメリカのトランプ大統領の政策に反対する女性たちの人種を超えた「ウーマン・パワー」のデモの様子がテレビで紹介されていました。これは、他者と一緒に作り出す連帯のための「住民パワー」で、一人ひとりの結束や連帯によって生み出されます。デモや署名運動などが、よい例です。

(3) パワーからエンパワーメントへ

　これから社会で活躍するみなさんに求められるのは、あなた個人の「力」です。

　「力」は、自分とは無関係なものでもなく、上から強制的に誇示されるものでもありません。世の中には、支配者や権力者たちが作り出した幻影にすぎない「力」があふれています。

　しかし、現代は、もはや上からの「強制力」は昔ほど「力」をもたない時代になったと感じます。これからの時代に大事なのは、むしろ、個人の「エンパワーメント」（Empowerment）ではないでしょうか。

「エンパワーメント」は個人の「自立パワー」とも呼ばれ、人から強制されることなく、自分のゴール達成のために自立し、他者に影響を及ぼす「力^{パワー}」なのです。

　自分自身の心の内を客観的にみつめ、自分は何が欲しいのか、何がしたいのかを見極めることができるようになれば、あなたは自信をもって、これからを生き抜いていく「力^{パワー}」を手に入れることができるでしょう。

（4）協調的交渉のための「力^{パワー}」

　世の中には自分の力ではどうにもならないことがあるのも、たしかです。

　そのような場合の問題解決をサポートしてくれる人たちは、あなたの大事な資源です。問題解決に役立つ資源を探し、それを確保するのは、あなたの個人の「力^{パワー}」なのです。

　「勝者」の能力や才能が「敗者」よりも優れていると見なすのは、「力の差」を、勝ち負けにこだわる「競合的」な戦略（やり方）としてとらえているだけです。こうした誤解や錯覚を払拭できれば、あなたは自分と相手の力関係を別な角度から見ることができるはずです。その結果、話せないと思っていた相手とも「協調的」に話し合うことができるようになるでしょう。

　「協調的交渉」のために不可欠な個人の「力^{パワー}」は、以下の3つにまとめることができます。

　①相手との信頼形成に不可欠となる「相手の考えに『ノー』と言
　　うべきときは言い、しかも、相手の能力を認める」力
　②双方の問題を合意に導くプロセスで必要となる「相手の見方を
　　理解しようとする」力

③意思決定や問題解決に不可欠な「相違点を明らかにし、双方の
　考えを統合する」力

　「力（パワー）」を「競合的」戦略として使えば、相手は抵抗してくるでしょう。一方で、「協調的」戦略として、他者と連帯し、一緒に問題を解決しようとすれば、どうでしょうか。「あなた」だけの問題は「われわれ」の問題となり、相互満足（Win/Win）となる解決に近づくことでしょう。

3 | コミュニケーションの落とし穴

　ある考えが頭に浮かび、それを相手に伝えたいと思ったとき、人は、それをなんらかの手段で相手に伝え、相手はそれを情報として受け取ります。

　「コミュニケーション」（Communication）とは、ある人がほかの人になんらかのメッセージを意識的に伝えようとする「意思や思想の伝達」です。双方向のプロセスで、「音」で伝えるのが言葉（言語）、「文字」で伝えるのが手紙やメールです。

　「言葉」を介した2者間のコミュニケーションにおいては、言葉以外の手段、たとえば、お互いの表情や目つき、声のトーンなども相互理解のための重要な要素となります。メールなどは、そうした要素が省かれるため、その分、注意が必要です。以下で考えていきましょう。

（1）読み取れない相手の意図

　2者間コミュニケーションにおいては、①相手から信号を受け取

る、②受け手はその情報を自分なりに解釈し、判断する、③類型化した情報をデータとして頭の中に保存する、④保存したデータについての考えを相手に返事として送る、という 4 つのプロセスが 2 方向で見られます。

こうしたプロセスのいたるところで、一方が送ったメッセージが他方により曲解され、双方間に誤認や誤解が生じることはよくあります。

目の前の相手と直接話をしていても、そうした誤認、誤報、誤解が生じます。メールでのやり取りであれば、相手の表情や声がわからない分、誤認や誤解がさらに増えることがありえます。

次に紹介するのは、メールでのやり取りが双方の関係を難しくしてしまった事例です。

┈┈┈ ケース 4　「ごめんなさい」だけではよくわからない ┈┈┈

音楽好きな仲間とバンドを結成した G さん。バンド結成後から数か月たったある日、「今日で抜けようと思います。ごめんなさい」と仲間の 1 人から短いメールが G さんのスマホに届きました。「ごめんなさい」の一言だけで、勝手に抜けてしまった人が、次の日には、別のバンドに入って活動をしているのを発見したとき、G さんの怒りは爆発しました。

一緒にバンドを結成した仲間の 1 人が自分たちのバンドをなぜ突然抜けたのか、しかも、次の日には別のバンドに移っていたのはなぜか、その理由を知りたくとも、メールによる「ごめんなさい」だけでは何もわかりません。しかも、次の日には別のバンドのメンバーになっているのを目撃したのですから、G さんにとっては、相当なショックだったことでしょう。

想像するに、このメールの差出人は G さんとの関係を「切って

もいい」と思ったのかもしれません。そうでなかったとしても、そのように受け取られても仕方ないコミュニケーションの方法といえます。

　次の事例のDさんのメールのやり取りの相手はゼミのW先生でした。問題となったのは、ゼミ仲間のメーリングリストでのやり取りでした。

……… ケース5　メーリングリストの罠 ………

　Dさんのゼミでは、ゼミ生全員にメーリングリストを回して、ゼミ実施日を調整していました。あるとき、Dさんはメーリングリストで挙げられたゼミの日が、たまたま別の専攻の特別コースの説明会と重なっていたため、それを正直に書いてメールで回しました。すると、W先生から次のメールが回ってきました。「Dさんには自分の専攻にもっと専念してほしいものです。みなさんはDさんの都合に合わせる必要はないので、候補日に決定しましょう」。

　このメールがゼミ仲間全員に回ってしまい、Dさんはかなり強いショックを受けてしまいました。

　このメールでのやり取りのあと、「W先生の教育方針は自分には合わない」と日頃から思っていたDさんは、そのゼミをやめてしまいました。

　1つ目のメールは短いもので、相手の「意図」が読み取れなかったGさんの例です。反対に2つ目は、ゼミの先生から届いた長いメールで、先生による自分への注意が仲間に知られてしまったDさんの例です。

　結果的に、メールのやり取りによってGさんもDさんも、相手への不信感を膨らませて、最後は、相手に敵対心を抱いてしまいま

した。

　なぜ、このような事態が生じたのでしょうか。その理由は、メールのやり取りだけでは相手の様子がよくわからず、2 人とも、相手の本当の意図が読み取れなかったからです。

　実は、2 者間のコミュニケーションでは、人は言葉（言語）以外の非言語手段で、より多くの情報を受け取っているのです。たとえば、あなたの姿勢、服装、表情、視線や目つき、声のトーンや話のテンポ、沈黙、相づち、ジェスチャー、相手との距離の取り方などが非言語手段となります。

　相手と話をしているとき、あなたの言葉、つまり、言語情報で相手があなたの情報を受け取る割合は 35％にすぎず、残りの 65％の情報を、相手はあなたの非言語手段から受け取っているのです（Ray L. Birdwhistell, "Kinesics and Context" 1970）。

　メールや SNS は手軽で便利なコミュニケーション手段ですが、2 者間コミュニケーションで大きな割合を占めている非言語手段による情報がない分、相手の「意図」の読み取りは難しいのです。そのために、双方間に誤解や誤認が増える危険性があるということを、頭の隅に入れておきましょう。

（2）言うべきことを言わない人たち

　人の第一印象は、初めて会った瞬間の 3 〜 5 秒で決まるといわれています。その判断の元になるのは、わたしたちの「視覚」によって得られた情報がほとんどです。

　アメリカの心理学者アルバート・メラビアンによると、人が「視覚」でとらえる相手の印象は全体の 55％で 、相手の声の大きさや口調などをとらえる「聴覚」が 38％、相手の話の内容はなんと 7％しか印象に残らないそうです。あなたが一言も言葉を発しなくても、

相手はなんらかの情報を得て、あなたの印象を作り上げてしまうのです。

　次に紹介するのは、不満があるのにそれをお互いに言わずに黙っていたことで、チームの自然解散を招いてしまった例です。

･･･････ ケース 6　言うべきことを言わなかった 5 人 ････････

　学生 5 人のチームがビジネス・コンペへの参加を決めました。参加をしようと言い出したリーダーの K さんと O さんは自分のことで忙しく、コンペの準備にはほとんど参加しませんでした。そのため、チーム内に不満がたまっていたのに、誰も何も言い出しませんでした。

　そんな状況であったにもかかわらず、ほかの 3 人の努力の甲斐もあって、チームはコンペで優勝を果たしました。あろうことか、K さんと O さんは、「僕らが頑張ったからだ！」と自分たちの手柄のように喜びました。

　コンペ後、リーダーの K さんは「チームで起業しよう」と意気込み、全員でのミーティングは数カ月も続きました。しかし、先のコンペでの K さんたちの言動に納得できなかった実働組 3 人は、静かな抵抗を続け、チームは自然解散となってしまいました。

　コンペの優勝が決まって「僕らは頑張った！」と K さんと O さんが喜んでいるのを見たとき、恐らく、3 人の実働組は「何もしていないのに自慢げに言うな！」と、内心で 2 人を非難していたのでしょう。

　「あの人はどうしようもない！」などと思っているのに、相手に面と向かって何も言わないということは誰にでもあり、珍しいことではありません。

　言葉には出さなくても、K さんと O さんに対して 3 人がひそか

に思っていた否定的な感情は、3人のちょっとした態度、顔の表情や目つきなどに表れていたはずです。実働組が自分たちの不満をきちんと相手側に伝えていれば、別の結果になっていたかもしれません。

学生5人は話し合いを避けていましたが、相手がどう思っているのかはお互いになんとなくわかっていたのです。それでも、そのまま黙っていた結果、お互いに不信感を抱き、信頼関係を作れなかったのです。その結果、自然解散に至ってしまったのです。

コミュニケーションでは非言語要素を決してあなどれないというわけです。

(3)「氷山の一角」のような相手の言動

どのような手段を用いるにせよ、相手のすべてをコミュニケーションで認知できるわけではありません。

タイタニック号は氷山にぶつかって沈没しましたが、海面から出ていたのはほんの一部にすぎず、水面下に巨大な氷の塊が隠れていたのです。実は、あなたが見たり、聴いたりしている相手の言動も、この「氷山の一角」と同じように、相手のほんの一部にすぎないのです（図6-1）。

相手を理解しようとするとき、「氷山の一角」にすぎない一部だけをとらえて自分のフィルターやレンズで観察し、そうやって取り込んだ相手の情報を、あなたは自分なりに頭の中で描写し、解釈し、評価を下しているのです。

しかも、このように最終的な評価・判断を下す際に人がもっとも拠り所としている判断基準は、自らの「世界観」（世界を見る目：World View）なのです。

「世界観」は国や民族の「文化」、個性や人生経験などによって

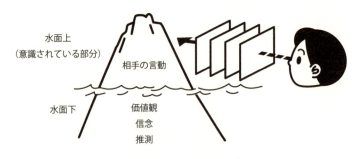

水面上
（意識されている部分）

相手の言動

水面下

価値観

信念

推測

図6-1　氷山の一角

育まれます。「世界観」と関係している個々の考えや価値観、推測などは、図6-1を見るとわかるように、人々の言動の下に隠れているのです。ですから、あなたが相手と2者間コミュニケーションをしていても、相手のすべてが見えるはずはなく、双方間には問題がよく起こるのです。

　図6-1の右上の矢印が通っている四角形はあなたのフィルターやレンズが複数あることを示しています。人によって、フィルターやレンズの組み合わせは、その枚数、厚さ、色なども異なるため、それによって下される各自の解釈や判断も異なるはずです。

　ですから、2者間のコミュニケーションをしているあなたと相手の間に誤認や誤解、あるいは、偏見などが生じてもなんら不思議ではありません。

　交渉では、自分が見ているのは相手のごく一部にすぎないこと、しかも、自身の「世界観」によって、相手の一部にすぎないものを自分なりに解釈し、評価していることを、ここでしっかりと認識しておいてください。

4　「文化」の違い

　人は自分と異なる他者と出会ったとき、あるいは、相手との間になんらかの問題が生じたときに初めて、双方に「違い」があることを実感するものです。

（1）話法の違い

::::: ケース 7　アメリカ人と日本人の交渉場面 :::::

　ある交渉が終盤に近づいたとき、交渉相手の日本人ビジネスマンが「ぜひ協力したいと思います。この件は持ち帰り、部署で話し合って善処致しますが、もしかしたら難しいかもしれません」と言ったことがアメリカ人ビジネスマンを怒らせました。

　なぜ、このアメリカ人は腹を立てたのでしょう。

　個人として、すべての裁量権を持って交渉に臨んでいたこのアメリカ人は、自分の提案に協力する気があるのかないのか、目の前の交渉相手の優柔不断な態度に腹を立て、「肩透かしを食わされた」と思ったのかもしれません。

　一方、会社から派遣されて交渉の席についていた日本人交渉者には、個人として自分が決断を下す権限がなかっただけで、相手がそれほどまでに激怒する理由がよくわかりませんでした。

　一般に、外国人との交渉に苦手意識を持っている日本人は多いようですが、それは、「語学の問題ではなく、話し方の違いである」と、海外での交渉経験豊富なある日本人ビジネスマンが指摘していました。

　日本国内にも方言があるように、話し方の違いは国や地域によっ

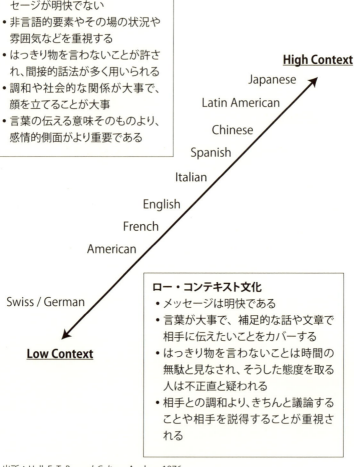

ハイ・コンテキスト文化
- 間接的にしか伝えないのでメッセージが明快でない
- 非言語的要素やその場の状況や雰囲気などを重視する
- はっきり物を言わないことが許され、間接的話法が多く用いられる
- 調和や社会的な関係が大事で、顔を立てることが大事
- 言葉の伝える意味そのものより、感情的側面がより重要である

High Context

Japanese

Latin American

Chinese

Spanish

Italian

English

French

American

Swiss / German

Low Context

ロー・コンテキスト文化
- メッセージは明快である
- 言葉が大事で、補足的な話や文章で相手に伝えたいことをカバーする
- はっきり物を言わないことは時間の無駄と見なされ、そうした態度を取る人は不正直と疑われる
- 相手との調和より、きちんと議論することや相手を説得することが重視される

出所：Hall, E. T. *Beyond Culture*, Anchor, 1976.

図 6-2　語法の違い

て異なります。それは表面的な言葉の違いではなく、あとで詳しく説明するそれぞれの「文化」による思考方法の違いと深く関わっているのです。人々の話し方の違いと地理的環境の関係性をアメリカの文化人類学者エドワード・T・ホールは、「ハイ・コンテキスト」と「ロー・コンテキスト」という2つのカテゴリーに分類しています（図 6-2）。

(2) 言語と非言語

　「ハイ・コンテキスト」（High Context）と「ロー・コンテキスト」（Low Context）というときの「コンテキスト」とは、相互理解をするために、人々が判断材料としている言葉以外の諸要素（たとえば、まわりの状況、表情や口調）を指します。つまり、「ハイ（High）」というのは、コミュニケーションをする人々が「まわりの状況やそのほかの要因など」に依存している度合いが「高い」ことを示し、一方、「ロー（Low）」では、その度合いが「低い」ことを示します。

　たとえば、ひどく怒鳴っている人がいたとして、その人の表情やしぐさを観察した結果、「本気で怒っているわけではないから、大丈夫」といった判断を下した経験があなたにもあるのではないでしょうか。そのとき、あなたは相手の言葉よりも、まわりの「コンテキスト」をくみ取って判断をしているのです。

　図 6-2 に示されているように、ホールによると、「コンテキスト」に依存する度合いが一番「高い」のは日本人で、ラテン・アメリカ人、中国人と続くそうです（ただ、近年、国際舞台に登場した中国人に関しては、日常ははっきりものを言い、面子に関することになると口を閉ざすなど、ダブル・スタンダードを持っていると指摘する人もいます）。

　「ハイ・コンテキスト」文化でのコミュニケーションの一番の特徴は、「集団」内で人々が共有している情報量が多く、いちいち口に出して言わなくても、少ない言葉数で意思疎通を図ることができることです。つまり、「阿吽の呼吸」です。

　共有している情報量が多いという理由以外にも、「察しの文化」、つまり、断定を避け、言外の含みを読み取り、「あいまい表現」による「間接話法」（Indirect communication）が日本社会で発達したのは、日本の地理的条件と無関係ではないでしょう。

　四方を海に囲まれた島国日本では、かつては外の世界へ出ていくのも一苦労でした。そのため、「集団」内の和を保つことが優先され、和を乱す人々は「村八分」にされたのです。

　反対に、外部からの異民族の侵入につねに脅かされていた陸続きの国や地域では、多民族、多文化、多言語社会が形成されました。多様な「世界観」をもつ人々からなる「集団」であったからこそ、欧米諸国の人々は明確な言葉での意思の疎通をする必要に迫られたのです。

(3) 直接話法と曖昧表現

　「コンテキスト」に頼らず、欧米では、言葉や文字で明確に、そして、ストレートに表現する「直接話法（Direct communication）」を好む傾向が顕著です（図6-2）。毎日、何回となく「愛している」と奥さんに言う、契約書が分厚いことなどは、伝える情報の回数や量が多いということであり、「ハイ・コンテキスト」文化の特徴といえます。

　日本人のみなさんはメールのやり取りで、「〇〇的」、「▽▽とか」、「XXXみたいな」、「◆◆な感じ」という言い回しや、絵文字や顔文字などを好んで使っていませんか。また、みなさんの会話では、

「びみょう」とか「ふつう」といった表現などもよく見られるように思います。これらはすべて、日本的な「あいまい表現」です。仲間内ならともかく、「直接話法」を好む相手には、こうした「あいまい表現」は「意図が不明」となり、伝えたいことも伝わらないでしょう。

思っていることの言語化を意識する

　外国人、とくに「直接話法」を好む傾向の強い人々と交渉をする場合には、いくつかの注意点があります。

　もし「間接話法」を好むあなたが「直接話法」の相手と交渉をすれば、多くの場合、双方の間で共有できる情報は少ないはずです。そのときにあなたがすべきことは、意識的に「言語化すること」（いちいち言葉に出して伝える）です。しかも、仲間同士、日本人同士の会話よりも情報の量を増やして「言語化」しなければ、交渉相手側には不満や不信感がつのってしまうでしょう。

　日本人以外の交渉相手にあなたの「言い分（立場）」を伝えるときには、正当な「論拠」（拠り所としている自分の潜在的「欲求」やデータの提示など）を示し、明確に、そして論理的に伝えなければなりません。具体的には次のような言い回しです。

　「私の言い分は○○である。なぜならば（たとえば）、○○だからである」。

　「自らの言い分を相手に伝えるのは苦手だ」とあなたがしり込みをしていては、交渉はうまくいきません。相手を変えることはできないので、自分自身を変える。意識して、自分の語法を変えるしかないのです。

　「言い分（立場）」に関しては、「ダメモト」で主張してくる交渉相手もいるので、「何を前提としているのか」、「矛盾はないか」、「論拠や因果関係が明確に示されているか」、「結論への飛躍がない

か」などの観点に立って、あなたは「情報収集」のコミュニケーション行動で対応します。つまり、相手の話を傾聴しながら、「本当にそうなのだろうか」と自問自答し、必要ならば、質問や言い換えで確認し、相手の言動のよくわからない点を明確にします。

　それでもよくわからない場合には、相手の「文化」について詳しい人に相談するなどして、不明確な点を解明します。

　交渉相手の言動の意味がよくわからないまま、理解できないまま、もしあなたが相手に返事をすれば、あなたの返事は相手に「不適切なもの」と映りかねません。その結果、相手が反発してくることもあるので注意が必要です。

　ただ、すべての日本人が「間接話法」を好むと断定できないように、すべてのアメリカ人は「直接話法」で話すと決めつけることはできません。アメリカ人の中にも「間接話法」を好む人は大勢いるはずです。

　日本人であれ外国人であれ、目の前の交渉相手の属する「集団」ではなく、交渉相手を「個人」として見ることが肝要なのです。

(4)「ステレオタイプ」化と偏見

　ある大学のインド人留学生は、教室でひたすら先生の話を聴くだけで、ノートも取らず、質問もまったくしません。それを見たまわりの日本人学生たちは当初びっくりしたそうです。しかし、インド人留学生は「ノートを取り、質問をするのは先生に対して失礼である。自分は当たり前の行動を取っている」と思っていたのです。

　一方の常識が他方の非常識となることは、よくあることです。しかし、この1人のインド人学生の言動を見ただけで、それを、その他大勢のインド人に当てはめるのは危険です。インドには言語も、宗教も、民族も異にする人々が13億人以上も暮らしているからで

す。

　たとえば、Aという「集団」に固有の「文化」と考えられるものは、その「集団」に所属する人々に多く見られるある特徴を一般化したものにすぎないのです。

　ですから、「すべてのインド人は授業でノートも取らず、質問もしない」、あるいは、「すべてのアメリカ人は直接話法で話す」というような「ステレオタイプ」化はできないのです。

　「ステレオタイプ」（Stereotype）の語源は「鋳型を作る」ですが、相手を個人として見ないで、その人の属する「集団」を見て、個人差やほかの意見を挟まない紋切り型の1つのタイプに当てはめることは偏見を生みかねません。

　一昔前、「日本人はドブネズミ色の背広を着て、メガネをかけ、カメラをぶら下げている」という話を海外でよく聴きました。そんなイメージで見られていたと思うと、ちょっと嫌ですね。

　偏見は相手との間にあらたな問題やトラブルを引き起こしやすいので、十分注意しなければなりません。

（5）「集団」で異なる「文化」

　みなさんに身近な「文化」は何でしょうか。音楽やファッション、映画やマンガ、あるいは、食べ物などでしょうか。厳密にいえば、2種類の「文化」があるのです。

　「文化」（Culture）の語源はラテン語の「土を耕す」だそうです。そこから派生し、広く一般に「文化」と呼ばれているものは、「洗練された精神が生み出すもの」、つまり、絵画や演劇などの芸術や文学作品など、みなさんが親しんでいる「文化」です。これは「表層文化」（High culture）とも呼ばれています。

　もう1つの「文化」、それが人々の語法や交渉などに影響を及ぼ

している「深層文化」(Deep culture) です。「深層文化」とは、人間の知識や信念、価値観や習慣、時間感覚、そして行動のパターンなど、ある「集団」を構成する人々によって習得され、共有されているものの総称を指します（ホフステード 1995）。

　ここから先は、「深層文化」を「文化」と表記して、交渉と「文化」の観点で話を進めていきます。

　人は、誕生するとすぐ、ある家の一員となります。そして、赤ちゃんは、自分の家の「ルール」や「しきたり」、「習慣」などを、無意識のうちに、自分の中に取り込みます。やがて成長すると、人は、学校やそのほかのさまざまな「集団」に加わり、多様な「集団」の多様な「文化」に接し、それらを学びながら、吸収し続けます。社会に出れば、さらに多くの「文化」に、さまざまな場面で、接するはずです。

　日本の赤ちゃんも、アメリカの赤ちゃんも、中国の赤ちゃんも、成長しながら、自分が属する「集団」、地域や国に固有の「文化」を後天的に学んでいるのです。

　「同じ社会環境の中で生きている人々、あるいは生きて来た人々は、その環境のもとで『文化』を学習しているのであり、少なくとも部分的には同じ『文化』を共有している」。オランダの社会人類学者ヘールト・ホフステードはこのように述べています（ホフステード 1995）。

　「同じ社会環境」とは、国、民族、宗教、言語、階級、家柄、職業、家庭などにより形成される大小さまざまな「集団」であり、それぞれの「集団」がわたしたちの「文化」の形成要素となっているのです。

(6) 個人の「文化」

　図6-3の3つの円は地域の「文化」、個人的な「文化」、組織の「文化」をそれぞれ表しています。

　たとえば、「アメリカ文化」、「日本文化」、「関西文化」、「下町文化」などは地域の「文化」です。「集団」のメンバーではありませんが、「メガネをかけている人、かけていない人」などの身体的状態の違い、男女の違い、世代の違い、教育レベルなどによって分類される人々にもそれぞれに共通する個人的な「文化」があるはずです。あなたの学校や所属するサークル、そして将来働くことになる職場には、組織の「文化」があるはずです。

　同じ円内の仲間は共通の語法や行動のパターンなどを共有していますが、図6-3の3つの円が重なっている部分は一個人が3種類の「文化」を部分的に併せ持っていることを表しています。1人としてその組み合わせが同じになることはないはずです。

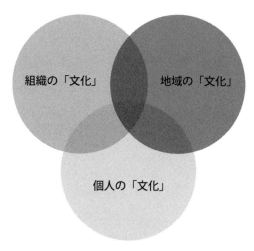

図6-3　3つの「文化」

たとえば、同じサークルの仲間同士のあなたと友達のK君は、所属サークルの「文化」以外にも、同じ日本人同士、同じ世代の男性同士、同じ大学の学生同士として、さまざまな「文化」を共有しているでしょう。でも、それが2人のすべてではありません。2人には個性の違い、そして、それぞれの生活や活動の場があります。2人の家庭環境（親の出身地や職業、家族構成など）も同じではありません。

日本人のあなたと外国人との間だけでなく、異「文化」は日本人同士、あなたとあなたのまわりの人々との間にも存在します。同じ屋根の下で暮らす親子や兄弟にも「文化」の違いがあるのです。

だから、わたしたちは親、兄弟、そして友達ともよく問題を起こすのです。

(7)「世界観」の衝突

「世界」を見る目、それが先に紹介した「世界観」で、それぞれの「文化」がそれぞれの「世界観」を育むのです。

この「世界観」は、交渉をどのように左右しているのでしょうか。

交渉者たちが抱く交渉の「イメージ」、そして交渉にとって「大事なこと」、たとえば、情報や争点の分析のやり方、信頼関係を構築するやり方、「何を暗黙の了解とするか」やコミュニケーションのやり方の違い、さらには、リスクや「力」のとらえ方などは、恐らく、国や民族の「文化」、個性や人生経験などによって異なる交渉者それぞれの「世界観」で違うでしょう。

交渉者たちが自分の「世界観」に固執すればするほど「その点は交渉の余地なし」となり、交渉での問題解決は困難になります。論争になると、人々は自分のアイデンティティーとなっている価値観や信念、行動様式などに意識・無意識に固執し始め、「自分は間違

っていない」と思ってしまうからです。

とくに、自分たちがほかから脅かされていると感じた場合に、人は自分の国や民族のほうが「ほかより優れている」という思いを強め、問題が起こった原因を「『世界観』の対立」にしてしまうものです。日本人がより日本人らしく、アメリカ人がよりアメリカ人らしく、中国人がより中国人らしくなるのは、そのようなときです。

双方の「世界観」が実際に衝突している場合もありますが、その原因は「世界観」の対立ではなく双方の「言い分（立場）」の対立であるのに、多くの場合、双方の「欲求」を見極めて問題解決を探るという交渉の経験が当事者たちにはないので、「世界観」が対立していると思ってしまうのです。

もし双方の「世界観」が実際に衝突している場合には、広い視野に立った交渉者たちの柔軟な態度による「総体的な見方」が問題の解決には不可欠です。

「協調的交渉」のためのスキル（技術）の中でも、とくに重要なのは、相手の価値観を理解することです。それは、交渉相手を自立した「一個人」と見なすこと、相手の「世界観」は受け入れられなくても、相手の「世界観」に理解を示し、尊重するという態度を取り、双方の「文化」差を是正することなのです。

具体的には、「友好的」な雰囲気づくりをしたうえで、「自分は味方であること」、「相手のことを理解したいと思っていること」、「自分は双方の問題解決をしたいと思っていること」などをまず相手に伝えてから、先に紹介した「情報収集」の「傾聴」、「質問」、「言い換え」のコミュニケーション行動を駆使して、相手の「欲求」を見極め、合意への道を探ることです。

このような態度がとれなければ、双方間の問題解決ができないばかりか、双方の「世界観」の違いがあらたな衝突の火種にもなりかねません。

　相手の「世界観」をそのまま受け入れることは、誰にとっても簡単ではないかもしれません。しかし、あなたが相手の「世界観」を理解し、それに対して「共感」を示すことはできるはずです。

　繰り返しとなりますが、同じ国、同じ地域、同じ家、同じ組織やグループにも異「文化」があり、1人としてあなたと同じ価値観や信念、言い換えれば、まったく同じ「世界観」を持っている人はいないのです。と同時に、あなたは自分が所属する「集団」に固有の「文化」の影響も受けていることを否定することはできません。

　わたしたちは相手の「文化」や相手の価値観や信念、「世界観」をそのまま受け入れることはできませんが、一人ひとりが違っていることを「知る」ことで、その人を「理解する」ことはできます。「違い」を受け入れるのではなく、お互いに「違い」があることを認め、そのうえで「共感」することはできるはずです。

　あらゆる問題は「相容れないことがあればいつでも起こるもの」です。であれば、問題解決から極力逃げずに対峙して、「協調的」な話し合いによる問題解決にチャレンジしたいものです。その結果は、あなたの対処次第というわけです。

コラム

「協調的」態度の規範

協調的交渉のゴールは「勝ち負け、白黒をつけるのではなく、合意を導くこと」です。相手との合意を導くのに必要なのはあなたの「協調的」態度です。その規範について、ドイチ博士は「尊重と信頼、正直で思いやりのある心遣いをすること」と述べています。

交渉におけるあなたの態度を振り返ってみましょう。

	「協調的」態度の規範	もっと練習が必要
1	対立の中に共通点や共通利益を見出す	
2	対立の際、個人的な攻撃はおこなわない	
3	対立の際、相手の視点に立って、それを理解しようとする	
4	相手の意見の価値を認めたうえで、自分の意見を築く	
5	相手に対する否定的な感情は、（もしあれば）相手の非協力的で破壊的態度にだけ向けられるように自己コントロールをする	
6	相手に対してのネガティブな考えを抑える	
7	意図的、無意識にかかわらず自分の言動が悪影響を及ぼした場合、きちんと責任を取ること→それを認めるだけでなく、相手に謝る	
8	相手から傷つけられた場合、相手がその責任を認め、心から謝罪していたら、いつまでも相手を恨まず、和解を提案する	
9	相手の正当な要求や欲求に応える	
10	相手の気持ちや考えを引き出すように、傾聴や質問をして情報を共有し、必要ならば、相手が協調的問題解決へ積極的に参加できるよう支援する	
11	不必要、不適切に正直である必要はないが、関係や状況を考慮したうえで、オープンで誠実な会話を心がける	
12	問題解決中はつねに道徳心を保つ	

コラム

江戸城無血開城

　勝海舟と西郷隆盛の歴史的なあの交渉がもし決裂していたら、恐らく、明治維新もなく、日本の近代化も遅れていたかもしれません。あの交渉とは、徳川幕府の大政奉還（1867 年）で幕藩体制が終焉後、西郷が指揮する官軍が江戸に差し迫る 2 日前に行われた江戸城引き渡し交渉（1968 年 3 月）のことです。

　強硬派幕臣らを説得し、新政府への江戸城明け渡し交渉の責任をすべて負った旧幕府側の勝海舟は、西郷との交渉前にさまざまな手を打ちます。

　勝は旧幕府の嘆願書を朝廷や諸藩に送っています。西郷に送った手紙の中で、勝は「官軍が処置を誤れば日本は瓦解し、その罪は永久に歴史に残りますよ」と相手を脅します（「競合的」手段）。また、交渉が失敗した場合の抗戦も考えた勝は、江戸を放火して敵の進軍を防ぐ、避難民を船で救出するという作戦も立てる一方、徳川最後の将軍慶喜を英国の軍艦で亡命させる密約を英国と交わしています。さらに事前交渉役として山岡鉄舟を西郷のいる駿府に派遣。そこで新政府側から徳川家の降伏条件が示されたのです。

　「徳川家に寛大な処分を行うならば抵抗せずに城を明け渡す、兵隊や兵器、軍艦などの引き渡しは大騒乱とならないように段階的にしたい」など、新政府側の条件に対する勝の回答をその場で西郷は受け入れ、翌日の攻撃を中止し、それにより戦火を免れた江戸 100万人の命が守られ、徳川家も滅亡を免れたのです。

　勝と西郷は、藩や新政府という「個」の利益ではなく、日本の国の未来（双方の「共通の基盤」）を見て交渉をし、そして江戸城無血開城を実現したのです。

　勝は羽織袴の軽装で 1 人、そして西郷は従僕 1 人を連れて古洋服に下駄でと、大事な交渉の場に現れた 2 人のいで立ちも相手に威圧感を与える従来の幕府の役人の豪華なものではありませんでした。交渉前の準備、友好的な雰囲気づくり、まわりの状況判断と「共通の基盤」を探って合意を目指すという「協調的交渉」のポイントを西郷も勝もよく理解していたのでしょう。

あとがき

　この本を書こうと思ったきっかけは日本の大学の一般教養の講座で「協調的交渉」を紹介したときの学生たちの思いがけない反応でした。もっと多くの日本の若い人たちに「協調的交渉」の理論とスキル（技術）を紹介したいという思いが、次第に、大きくなりました。

　教室の学生たちにとって、毎回、6～7人で円陣を作って、各グループで演習をし、話し合いながらグループごとに意見を出して発表するという授業形態は、これまでに経験がなかった分、新鮮だったのでしょう。

　しかも、「自転車放置は誰の責任？」というある町の騒動を解決するため、旧住民と新住民に分かれてグループごとに交渉をし、交渉でのやり取りを IC レコーダーに録音し、再生して自分の交渉時のコミュニケーションを各自が振り返るという演習（「模擬交渉」）が講座の最後に用意されていたのです。

　授業で学んだことを学生たちが最後に振り返るための演習だった「模擬交渉」は、初めての経験だというのに、「はじめまして、私が長老の○○です」などと言って、学生たちは大いに楽しんでいました。

　こうした授業形態も授業内容も、実は、私自身がコロンビア大学・大学院（Teachers College）の組織心理学科で受講した「紛争解決（Conflict Resolution）」講座で経験し、強い衝撃を受けたものです。

140

鹿児島出身の父親からよく「女は黙っていろ」と言われて我慢していた私に、「納得できないまま」というのは自分のためにも、まわりのためにもよくない、目の前の問題解決から逃げないことが自立した大人の態度であると教えてくれたコロンビア大学の先生は、よく "What is learned here, leaves here."（ここで学んだことは現場に持ち帰れ）と言っていました。アメリカの大学では実社会で役立つことを重視しているのです。

本では、「模擬交渉」のような演習を紹介することはできませんでしたが、それ以外のこと、たとえば、「対立・衝突」のプラスの側面、「協調的」と「競合的」という2つの問題解決法、「協調的交渉」の進め方や交渉を左右する諸要素などについては、教室での授業も本の内容も同じものですから、読者のみなさんは、この本で学んだことすべてを、「模擬交渉」ならぬ実社会での交渉事に応用してください。

これからの時代は「協調」がキーワードとなるはずです。

最後に、大学の先生で友人でもある方々のご協力なしに、この本で紹介している多くの事例を集めることはできませんでした。

スタンフォード大学コンサルタント教授の福田収一先生、共立大学・共立短期大学学長の入江和生先生、北海道教育大学教授の飯山雅史先生、そして東京工科大学准教授の飯沼瑞穂先生、お忙しい中、たくさんの事例をありがとうございました。この場をかりて、みなさまに、心より御礼申し上げます。

慶應義塾大学出版会の喜多村直之さんと奥田詠二さんにはこの本の出版にあたり多くのアドバイスをいただきました。お2人のご協力には深く感謝しております。ありがとうございました。

2017年11月

　　　　　　　　　　　　　　　　　　　　　野沢聡子

参考・推薦図書、映像作品リスト

必読書

フランク・ゴーブル『マズローの心理学』小口忠彦監訳、能率大学出版部、1972 年。

L. A. サモーバー、R. E. ポーター、N.C. ジェイン『異文化間コミュニケーション入門──国際人養成のために』西田司他訳、聖文社、1983 年。

モートン・ドイチ『紛争解決の心理学』杉田千鶴子訳、ミネルヴァ書房、1995 年。(Deutsch, M., *The Resolution of Conflict: Constructive and Destructive Processes*, Yale University Press, 1973.)

ロジャー・フィッシャー＆ウィリアム・ユーリー『ハーバード流交渉術』金山宣夫・浅井和子訳、TBS ブリタニカ、1998 年。

ロジャー・フィッシャー＆ダニエル・シャピロ『新ハーバード流交渉術──感情をポジティブに活用する』印南一路訳、講談社、2006 年。

マックス・H. ベイザーマン、マーガレット・A. ニール『マネジャーのための交渉の認知心理学──戦略的思考の処方箋』奥村哲史訳、白桃書房、2003 年。

G. ホフステード『多文化世界──違いを学び共存への道を探る』岩井紀子・岩井八郎訳、有斐閣、1995 年。

Baruch Bush, R. A., & J. P. Folger, *The Promise of Mediation: Responding to Conflict Through Empowerment and Recognition*, Jossey-Bass Publishers, 1994.

Deutsch, M., P. T. Coleman, & E. C. Marcus, *The Handbook of Conflict Resolution: Theory and Practice*, 2nd Edition, Jossey-Bass Publishers, 2006.

Lewicki, R. J., J. A. Litterer, J. W. Minton & D. M. Saunders, *Negotiation*, Irwin, 1994.

Lewicki, R. J., D. M. Saunders, & J. W. Minton, *Essentials of Negotiation*, 2nd Edition, McGraw-Hill, 2001.

Rothman, J., *Resolving Identity-Based Conflict in Nations, Organizations and Communities*, Jossey-Bass Publishers, 1997.

交渉術をテーマとしたもの

浅井久仁臣『魔術的カケヒキ学——国際舞台で磨いた交渉術のノウハウ』
　　　情報センター出版局、1988 年。

久保田勇夫『国際交渉の ABC——マイノリティの交渉術』、大蔵財務協
　　　会、1997 年。

J. R. グラハム、サノ・ヨシヒロ『アメリカ人の交渉術——日本式とどこ
　　　が違うか』窪田耕一訳、東洋経済新報社、1987 年。

ジョン・グレイ『結婚の知恵——男と女の小さな交渉術』大島渚訳、三
　　　笠書房、1997 年。

郡司みさお『アラブ人の心をつかむ交渉術——中東ビジネスを成功させ
　　　る 19 の掟』日本サウジアラビア協会協力、河出書房新社、2008 年。

孔　健『交渉術——日本人 VS 中国人、最後に笑うのはどちらか』講談
　　　社 + α 文庫、2001 年。

スティーブン・R・コヴィー『7 つの習慣——成功には原則があった』ジ
　　　ェームス・スキナー・川西茂訳、キングベアー出版、1998 年。

カール・M・コーエン、スザンヌ・L・コーエン『ラボ・ダイナミクス
　　　——理系人間のためのコミュニケーションスキル』浜口道成監訳、
　　　三枝小夜子訳、メディカル・サイエンス・インターナショナル、
　　　2007 年。

鴻上尚史『コミュニケーションのレッスン——聞く、話す、交渉する』
　　　大和書房、2013 年。

ダニエル・ゴールマン「EQ——こころの知能指数」土屋京子訳、講談社、
　　　1996 年。

ハロー・フォン・センゲル『兵法三十六計　かけひきの極意——中国秘
　　　伝！「したたか」な交渉術』石原薫訳、ダイヤモンド社、2008 年。

スチュアート・ダイアモンド『ウォートン流　人生のすべてにおいても
　　　っとトクする新しい交渉術』櫻井裕子訳、集英社、2012 年。

瀧本哲史『武器としての交渉思考』星海社新書、2012 年。

田村次朗『ハーバード × 慶應流　交渉学入門』中公新書ラクレ、2014 年。

———『16 歳からの交渉力』実務教育出版、2015 年。

ロバート・B・チャルディーニ『影響力の武器——なぜ、人は動かされ
　　　るのか【第二版】』社会行動研究会訳、誠信書房、2007 年。

アビナッシュ・ディキット、バリ・ネイレバフ『戦略的思考とは何か—
　　　—エール大学式「ゲーム理論」の発想法』菅野隆・嶋津祐一訳、
　　　阪急コミュニケーションズ、1991 年。

林周二『経営と文化』中公新書、1984 年。

藤田忠『交渉力の時代』ＰＨＰ文庫、1984 年

ディーパック・マルホトラ、マックス・H. ベイザーマン『交渉の達人——ハーバード流を学ぶ』森下哲郎監訳、高遠裕子訳、日本経済新聞出版社、2010 年。

A・ミンデル『紛争の心理学——融合の炎のワーク』水沢哲監修、青木聡訳、講談社現代新書、2001 年。

矢部正秋『ユダヤ式交渉術——どんな相手でも必ず成功を勝ち取れる』PHP 文庫、2015 年。

Rubin, J. Z. & B. R. Brown, *The Social Psychology of Bargaining and Negotiation*, Academic Press, 1975.

現代の交渉を扱ったもの

明石康『『独裁者』との交渉術』集英社新書、2010 年。

加納雄太『環境外交——気候変動交渉とグローバルガバナンス』信山社、2013 年。

菅野哲夫『おもしろ日ロ関係散歩道』東京図書出版、2017 年。

佐藤優『交渉術』文藝春秋、2009 年。

塩田純『尖閣諸島と日中外交——証言・日中米「秘密交渉」の真相』講談社、2017 年。

東郷和彦『北方領土交渉秘録——失われた５度の機会』新潮文庫、2011 年。

———『返還交渉——沖縄・北方領土の光と影』PHP 新書、2017 年。

中満泉『危機の現場に立つ』、講談社、2017 年。

本田宏『参加と交渉の政治学——ドイツが脱原発を決めるまで』法政大学出版局、2017 年。

守屋武呂『『普天間』交渉秘録』新潮文庫、2012 年。

歴史にみる交渉

『公文書に見る日米交渉——開戦への経緯』アジア歴史センター　http//www.jacar.go.jp/nichibei/index.html/

井口武夫『開戦神話——対米通告はなぜ遅れたのか』中公文庫、2011 年。

池井優『語られなかった戦後日本外交』慶應義塾大学出版会、2012 年。

井沢元彦『逆説の日本史 18 幕末年代史編Ⅰ——黒船来航と開国交渉の謎』小学館文庫、2015 年。

石井孝『増訂　明治維新の国際的環境』吉川弘文館、1966 年。

井上寿一『危機のなかの協調外交——日中戦争に至る対外政策の形成と展開』山川出版社、1994 年。

荻原延壽『陸奥宗光』朝日新聞社、1997 年。

加藤陽子『戦争まで——歴史を決めた交渉と日本の失敗』朝日出版社、2016 年。

F・グィッチャルディーニ『フィレンツェ名門貴族の処世術——リコルディ』永井三明訳、講談社学術文庫、1998 年。

ロバート・ケネディ『13 日間——キューバ危機回顧録』毎日新聞社外信部訳、中公文庫、2014 年。

近衛文麿『平和への努力——近衛文麿手記』日本電報通信社、1946 年。

桜井万里子『ヘロドトスとトゥキュディデス——歴史学の始まり』山田出版社、2006 年。

鈴村進『交渉人 勝海舟——対話と圧力、駆け引きの名手』ダイヤモンド社、2010 年。

須藤孝光『白洲次郎——日本を復興させた男』新潮社、2011 年。

田中彰『岩倉使節団『米欧回覧実記』』岩波現代文庫、2002 年。

陳舜臣『諸葛孔明』（上・下、中公文庫、1993 年。

トゥーキュディデース『戦史』（上・中・下）、久保正彰訳、岩波文庫、1966 年。

徳川慶喜『昔夢会筆記——徳川慶喜公回想談』東洋文庫、1966 年。

原田節雄『実録 交渉の達人——国際標準化戦争秘録』日経 BP 社、2017 年。

半藤一利『日本のいちばん長い日』文春文庫、1995 年。

———『聖断——天皇と鈴木貫太郎』PHP 文庫、2006 年。

———「幕末史 05 脅しのペリー、その交渉術——泰平の眠りを覚ます上喜撰」（オーディオブック版）、ことのは出版、2011 年。

福田和也『昭和天皇 第五部——日米交渉と開戦』文春文庫、2014 年。

本田熊太郎『魂の外交——日露戦争に於ける小村侯』千倉書房、1941 年。

松浦玲『勝海舟と幕末明治』講談社、1973 年。

松岡英夫『岩瀬忠震——日本を開国させた外交家』中公新書、1981 年。

交渉を扱った文芸作品・マンガ

五十嵐貴久『交渉人』幻冬舎文庫、2006 年。

池波正太郎『真田太平記』（全 12 巻）、新潮文庫、1988 年。

イソップ『イソップ寓話集』中務哲郎訳、岩波文庫、1999 年。

井上靖『風濤』新潮文庫、1967 年。

———『天平の甍』新潮文庫、1964 年。

———『「風林火山』新潮文庫、2005 年。

榎田尤利『交渉人は諦めない』SHY ノベルズ、2010 年。

尾崎護『経綸のとき——小説・三岡八郎』東洋経済新報社、1995 年。

海音寺潮五郎『江戸開城』新潮文庫、1987 年。

木内昇「万派を翔る」、日経新聞連載中

小池和夫画、伊賀和洋著『男弐（おに）』、ビジネスジャンプコミックス、1986 年。

シェイクスピア『ヴェニスの商人』福田恆存訳、新潮文庫、1967 年。

———『リチャード 3 世』福田恆存訳、新潮文庫、1974 年。

———『シェイクスピア全集 14　コリオレイナス』松岡和子訳、ちくま文庫、2007 年。

司馬遼太郎『新史太閤記』（上・下）、新潮文庫、1973 年。

———『竜馬がゆく（6）』文春文庫、1998 年。

———『坂の上の雲』（全 8 巻）、文春文庫、1999 年。

———『覇王の家』（上・下）、新潮文庫、2002 年。

———「翔ぶが如く」（全 8 巻）、文春文庫、2002 年。

島崎藤村『夜明け前』（第 1 部・第 2 部、上・下）、新潮文庫、1954 〜 55 年。

中路さとる『異　三国志（二）激突／官渡大決戦』学研 M 文庫、2006 年。

野口勇『維新を動かした男——小説尾張藩主・徳川慶勝』、PHP 研究所、1998 年。

星新一『竹取物語』角川文庫、1987 年。

真山仁『ハゲタカ』講談社文庫、2004 年。

森田崇『アバンチュリエ　新訳アルセーヌ・ルパン』（全 5 巻）、講談社イブニング KC、2011 〜 13 年。

山崎豊子『運命の人』（全 4 巻）、文藝春秋、2009 年。

———『沈まぬ太陽』（全 5 巻）、新潮文庫、2002 年。

———『不毛地帯』（全 5 巻）、新潮文庫、2009 年。

横山光輝『隻眼の竜』（全 6 巻）、リイド社、1986 年。

吉村昭『落日の宴——勘定奉行川路聖謨」（上・下）、講談社文庫、2014 年。

———『ポーツマスの旗』新潮文庫、1983 年。

交渉を扱った映像作品

「依頼人　ザ・クライアント」スーザン・サランドン主演、ワーナー・ブラザース、1994 年。

「ヴェニスの商人」アル・パチーノ主演、アートポート、東京テアトル、2004 年。

「エリン・ブロコビッチ」ジュリア・ロバーツ主演、ソニー・ピクチャーズエンタテインメント、2000年。

「狼たちの午後」アル・パチーノ主演、ワーナー・ブラザース、1975年。

「グッド・ワイフ（シーズン7)」ジュリアナ・マルグリーズ主演、CBS、2015年。

「交渉人」サミュエル・L・ジャクソン主演、ワーナー・ブラザース、1998年。

「13デイズ』ケビン・コスナー主演、日本ヘラルド映画、2000年。

「サブウェイ・パニック』ウォルター・マッソー主演、ユナイト映画、1974年。

「十二人の怒れる男」ヘンリー・フォンダ主演、松竹セレクト、1957年。

「12人の優しい日本人」三谷幸喜原作・脚本、アルゴプロジェクト、1991年。

「ショーシャンクの空に」ティム・ロビンス主演、ワーナー・ブラザース、1994年。

「ジョンQ 最後の決断」デンゼル・ワシントン主演、ギャガ＝ヒューマックス、2002年。

「SUITS/スーツ」ガブリエル・マクト、パトリック・J・アダムス主演、ユニバーサルチャンネル、2012年。

「24 TWENTY FOUR」キーファー・サザーランド主演、FOX、2001年。

「嘆きの王冠 〜ホロウ・クラウン〜」（シェイクスピアの史劇「リチャード2世」「ヘンリー4世」「ヘンリー5世」を映像化）、BBC、2012年。

「評決」ポール・ニューマン主演、20世紀フォックス、1982年。

「ブリッジ・オブ・スパイ」トム・ハンクス主演、20世紀フォックス映画、2015年。

「返還交渉人──いつか、沖縄を取り戻す（NHKスペシャルドラマ)」NHK BSプレミアム、2017年8月12日。

「ホステージ」ブルース・ウィルス主演、松竹、2005年。

「ボストンリーガル お騒がせグレート弁護士」ジェームス・スペイダー主演、FOXチャンネル、2007年。

「マネーボール」ブラッド・ピット主演、ソニー・ピクチャーズエンタテインメント、2011年。

「誘拐の掟」リーアム・ニーソン主演、2012年

「リーガル・ハイ」堺雅人主演、フジテレビジョン、2012年。

「ルパン」ロマン・デュリス主演、日本ヘラルド、2004年

解答例（69 〜 72 頁）

（1）父親との対立

	私	父親
対立点	少なくとも 3 校は受験したい	受験校を 1 校に絞れ
欲求・本音	・滑り止めがないのは不安 ・指導教官のアドバイスもある ・浪人すればもっとお金がかかる ・早く大学に入りたい	・お金がかかる ・自分の経験からも、1 校に絞ったほうが集中できるはず ・「打てば当たる」という考えは、大学ならどこでもいいということ。大事なのは将来のために大学で自分が何を学ぶかではないか（父親の「世界観」でもある）

問題の見直し		
どうしたら私の**少なくとも 3 校受験したい**という最優先事項と、父親**の数多く受験するのはいろいろな意味で無駄**という最優先事項を満たすことができるだろうか。		
代替案	・複数校の受験料は後日父親に返済すると約束する ・指導教官に間に入ってもらう ・母親に父親を説得してもらう ・浪人した場合の費用の試算を示す	・自分の経験を話す
妨害案	・「大学には行かない」と相手を脅す	・勘当する

(2) フットサークル仲間の対立

	私	反対派
対立点	学内のリーグ戦に参入する	参入に反対
欲求・本音	・サークルの仲間には明確な目標が必要 ・現状を打開したい ・リーダーとしての存在感を示したい	・チームの輪を乱したくない ・サークルの活動は親睦中心の現状のままでいい

問題の見直し		
どうしたら私の**現状を打開したい**という最優先事項と、反対派の**チームの輪を乱したくない**という最優先事項を満たすことができるだろうか。		

	私	反対派
代替案	・学内のリーグ戦なので、勝つことが目的ではないと伝え、全員の参加を呼びかける ・学内のほかのチームとも相談し、リーグ戦を初心者向き、上級者向きなどのチーム別対抗とする ・対抗戦のあと、交流・懇談会にする	・サークルのあり方や目標について全員で話し合う場を設ける
妨害案	・参入を一方的に決めてしまう	・サークルをやめる

(3) レンタカー屋での顧客対応

	わたしたちスタッフ	お客 A
対立点	閉店後のレンタカー返却はできない	レンタカーの返却を今したい
欲求・本音	・閉店後の返却不可は先に説明済みで、お客も同意している	・3分だけしか過ぎていない ・スタッフは店内にいる ・おざなりな対応は理不尽だ ・顧客を大事にしろ ・出直したくない ・超過料金は払いたくない
問題の見直し		

どうしたらスタッフの**会社のルールを順守したい**という最優先事項と、お客 A の**超過料金は払いたくない**という最優先事項を満たすことができるだろうか。

	わたしたちスタッフ	お客 A
代替案	・次の日の開店後、30分以内の返却であれば超過料金はとらないと書かれた契約時のルールを示し、出直してもらう	・車を店の駐車場に置かせてもらい、次の日の朝、出直す
妨害案	・お客 A の訴えを無視する	・今後は利用しないと言って脅す

(4) マンガ家になりたい A さん

	A さん	お母さん
対立点	自分が決めた専門学校に行きたい	大学進学をして欲しい
欲求・本音	・将来はプロのマンガ家になりたい ・そのために大学でなく専門学校に行きたい ・自分の得意なこと、好きなことで身を立てたい ・自分の将来は自分で決めたい	・学校の成績がいいのだから、専門学校に行くのは、もったいない ・親の面子や世間体もある ・将来、安定した職業について欲しい ・マンガがいくら好きでも、それを仕事にするのはそれほど甘くない ・マンガ家になりたいのなら、大学卒業後に相談にのる
問題の見直し		
どうしたら A さんの**プロのマンガ家になりたい**という最優先事項と、お母さんの**息子には安定した職業について欲しい**という最優先事項を満たすことができるだろうか。		
代替案	・理系、あるいは美術大学に進み、コンピュータグラフィックスなどの技術を学ぶ ・大学在学中に専門学校の通信講座で受けることを親に認めてもらう	・大学卒業時に将来のことを親子で話し合う
妨害案	・家出する	・学費は出さないと脅す

(5) U君、部活を辞めないで！

	私	U君
対立点	U君に部活を続けて欲しい	部活をやめたい
欲求・本音	・今まで通り、同期4人でこれからも仲良く部活をして学生生活を楽しみたい ・U君がいなくなれば、その分、部活の下働きの割り当てが増えてしまう	・ほかにもやりたいことがいろいろある ・先輩との付き合いが嫌

問題の見直し

どうしたら私の**部活を同期4人でこれまで通りやりたい**という最優先事項と、U君の**先輩Dと付き合うのが嫌**という最優先事項を満たすことができるだろうか。

代替案	・先輩Dがお酒を部員にすすめる行為について、なんとかやめさせたいと部活の担当教員に相談する ・勉強やゲームも4人で一緒にしようと提案する ・1人でやれることもあるが、仲間で一緒にやる部活は4人の「共通の基盤」であることを強調する	
妨害案	・仲間はずれにする	・部活を黙ってやめる

(6) ゴミ出し問題

	Cさん	アパートの管理人
対立点	夜、ゴミを出したい	夜、ゴミを出さないで
欲求・本音	・朝は忙しく、ゴミ出しの時間がない ・夜、掃除をして部屋をきれいにするのに、狭い部屋に臭い生ゴミがあるのが嫌 ・ゴミ収集人と顔を合わせたくない ・自分がゴミを出すところを人に見られたくない	・カラスが放置されたゴミをあさり、ゴミが散乱するのが嫌。 ・自分の住む地区をきれいにしたい ・大人なのだから社会のルールを守って欲しい

問題の見直し

どうしたらCさんの**朝は忙しいのでゴミを出せない、狭い部屋に臭い生ゴミがあるのが嫌**という最優先事項と、アパート管理人の**放置されたゴミで周辺が汚れるのが嫌**という最優先事項を満たすことができるだろうか。

	Cさん	アパートの管理人
代替案	・大きなプラスチックのゴミ箱を買ってドアの前の廊下に置き、その中に夜、ゴミを入れ、管理人さんに朝出してもらう ・夜、ほかのゴミ捨て場にゴミを捨てる（これはご近所迷惑なばかりか、相手への妨害案になりかねない）	・夜の内に、ゴミの上にネットをかける作業をCさんの当番とする
妨害案	・管理人の忠告を無視する	・退室してもらう

(7) 責任ある仕事を断ったS子さん

	S子さん	店長
対立点	責任のある仕事はできない	責任のある仕事をやって欲しい
欲求・本音	・バイト先での自分はまだ新米だから、責任ある仕事をする自信がない ・ほかの先輩を差し置いて自分が指示する立場になれば、先輩との関係がギクシャクするかもしれない ・事前の打診もない突然の話で、詳しい説明もないので、引き受けられない ・自分はアルバイトにすぎず、責任者になるとそのままこの業界に取り込まれるのが怖い	・能力のある人をどんどん登用したい ・仕事の効率を上げ、利益を伸ばしたい ・アルバイトとはいえ、さまざまな仕事を経験することはS子さんのためにもなるはず ・期待通りうまく行けば、アルバイトから社員にすることができるかもしれない
問題の見直し		

どうしたらS子さんの**新米の自分は責任ある仕事をする自信がない**という最優先事項と、店長の**有能な人を登用し、仕事の効率を上げ、利益を伸ばしたい**という最優先事項を満たすことができるだろうか。

	S子さん	店長
代替案	・全体の業務、責任者の仕事内容や昇給率などを示した判断材料となる資料を作成してアルバイトにも示すようにして欲しい	・S子さんが引き受けたら、しばらくの間、彼女を補佐する人をつけて一人前に育てる ・特別手当も支給する
妨害案	・アルバイトを辞める	・ほかの人を探す

(8) 東京でインターンをしたいＹ子さん

	Ｙ子さん	両親
対立点	東京でインターンをしたい	インターンには反対
欲求・本音	・経験を増やしネットワークを広げることは就活に役立つ ・親元を離れて１人暮らしがしたい ・東京で暮らしてみたい	・東京での１人暮らしは心配 ・無報酬の仕事というのは信用できない ・経済的負担が大きい

問題の見直し

どうしたらＹ子さんの**インターンをして就活に生かしたい**という最優先事項と、両親の**東京での１人暮らしが心配**という最優先事項を満たすことができるだろうか?

	Ｙ子さん	両親
代替案	・旅費の半分は自分のアルバイト代から出す ・LINEで毎日連絡を取り合う ・インターン先の業績などを調べて親を安心させる	・東京の親戚の家に娘を預ける ・親も一緒に上京する ・地元の福岡でインターンを探す
妨害案	・家出をする	・地元でのインターンをすすめる ・娘の小遣いを減らす

野沢 聡子（のざわ さとこ）

コミュニケーション・インストラクター。元教育総合企画代表取締役社長。慶應義塾大学文学部（西洋史専攻）卒業。読売新聞英字新聞部記者を経て、コロンビア大学 Teachers College（教育学大学院）で国際教育専攻修士課程修了（1998年）。1999年に（有）教育総合企画を設立。以来、「協調的交渉術」のトレーニング・プログラムの日本での普及に取り組んできた。自治体や企業での講習のほか、昭和女子大学総合教育センターと杏林大学医学部の非常勤講師、法政大学エクステンション・カレッジ、東京都教職員研修センター研修部、国立市教育委員会学校指導課、東北大学、同志社大学、東京工科大学などでのセミナー講師として「協調的交渉」を紹介する。

大学生のための交渉術入門

2017年12月25日　初版第1刷発行

著　者―――野沢聡子
発行者―――古屋正博
発行所―――慶應義塾大学出版会株式会社
　　　　　　〒108-8346　東京都港区三田2-19-30
　　　　　　TEL　〔編集部〕03-3451-0931
　　　　　　　　　〔営業部〕03-3451-3584〈ご注文〉
　　　　　　　　　〔　〃　〕03-3451-6926
　　　　　　FAX　〔営業部〕03-3451-3122
　　　　　　振替　00190-8-155497
　　　　　　http://www.keio-up.co.jp/
装　丁―――土屋　光
印刷・製本―――中央精版印刷株式会社
カバー印刷―――株式会社太平印刷社